大学英语阅读与语篇分析理论研究

范艳宏 著

延吉·延边大学出版社

图书在版编目（CIP）数据

大学英语阅读与语篇分析理论研究 / 范艳宏著. --延吉：延边大学出版社，2023.9
ISBN 978-7-230-05444-7

Ⅰ.①大… Ⅱ.①范… Ⅲ.①英语－阅读教学－教学研究－高等学校 Ⅳ.①H319.37

中国国家版本馆CIP数据核字(2023)第173934号

大学英语阅读与语篇分析理论研究

著　　者：范艳宏
责任编辑：张　艳
封面设计：延大兴业
出版发行：延边大学出版社
社　　址：吉林省延吉市公园路977号　　邮　　编：133002
网　　址：http://www.ydcbs.com　　E-mail：ydcbs@ydcbs.com
电　　话：0433-2732435　　传　　真：0433-2732434
制　　作：山东延大兴业文化传媒有限责任公司
印　　刷：三河市天润建兴印务有限公司
开　　本：787×1092　1/16
印　　张：12.75
字　　数：200 千字
版　　次：2023 年 9 月 第 1 版
印　　次：2023 年 9 月 第 1 次印刷
书　　号：ISBN 978-7-230-05444-7

定价：55.00元

作者简介

范艳宏,女,汉族,吉林长春人,硕士研究生,2008年毕业于辽宁师范大学英语专业,现任长春理工大学外语学院英语系教师,主要从事英语专业教学工作。

前　　言

　　传统的大学英语教学通常注重对语言知识和语法规则的掌握，依赖语法分析来理解语义，并以能否准确地翻译成母语作为是否真正理解的标准。学生的注意力主要集中在词汇和语法之间，处于被动地位，缺乏深层次的理解和联想能力，阅读速度较慢，交际运用能力也不足。在日常教学中，我们发现阅读理解是学生面临的一大难题。因为在阅读文章时，考察的不仅仅是学生对字面意思的理解，更重要的是对深层意义的理解。有时在较短的文章中，几乎没有生词，但学生在回答问题时却感到困难，难以抓住要点。这说明学生掌握了足够的词汇并不一定能解决问题。运用语篇分析进行阅读理解，可以帮助学生快速抓住和理解文章的主要框架，增强对整体意义的理解，并进一步领会深层含义。功能语言学的语篇分析理论为大学英语精读教学和阅读教学的改革提供了强有力的理论支持。在大学英语阅读教学中引入语篇分析的教学模式，既注重语言形式，又注重语言功能，同时还注重文体知识和语言文化知识的传授。

　　本书从阅读教学的角度探讨了语篇分析与阅读教学的关系，并提出了一些参考性策略，以利用语篇分析理论培养学生的阅读理解能力。首先对语篇分析理论的发展和研究范围进行了梳理，探讨了语篇的生成机制；然后对大学英语阅读教学相关理论进行了分析，重点研究了英语阅读的语篇理论和实践；最后从语篇分析的角度，在阅读习惯、阅读能力和教师角色等方面进行了有效的探索，以提高学生的英语阅读能力。

目 录

第一章 语篇分析理论的发展及研究范围 1

第一节 语篇分析理论的起源 3
第二节 语篇分析理论与系统功能语言学 5
第三节 语篇分析研究的范围 11

第二章 语篇的生成机制 16

第一节 语篇构成手段 16
第二节 语篇推进结构 29
第三节 言语表达层面 40

第三章 语篇管界与语篇策略 49

第一节 语篇管界 49
第二节 语篇策略 56

第四章 英语语篇的形式 66

第一节 说明语篇 66
第二节 劝说语篇 79
第三节 描写语篇 87

第五章　英语阅读概述 97

第一节　阅读的含义及本质 97

第二节　阅读目的与对象 101

第三节　阅读模式与阅读理解 103

第六章　英语阅读的语篇研究 109

第一节　语篇与篇章的概念界定 110

第二节　英语语篇的组织模式 116

第三节　语篇衔接理论下的英语阅读教学新模式 123

第七章　英语阅读理解与语用推理 126

第一节　语用推理理论研究 126

第二节　对英语阅读教学的启示 127

第八章　英语阅读教学理论与实践 134

第一节　英语阅读教学概述 135

第二节　国外阅读教学理论研究 137

第三节　我国大学英语阅读教学研究 169

第四节　阅读教学的几个基本要点 184

参考文献 190

第一章 语篇分析理论的发展及研究范围

语篇研究是一个古老而又年轻的学科。在西方，语篇分析可以追溯到古希腊时期。古希腊人喜欢进行公共演讲和辩论，这促使了他们对辩论和演讲的研究，从而形成了语法学和修辞学这两个学科。语法学研究如何写出符合规范的句子，而修辞学则研究如何组织语篇、如何演讲以及如何达到特殊的演讲效果等。这两个学科与语篇分析密切相关，是进行语篇分析的重要手段。

然而，在中世纪、文艺复兴时期以及17至19世纪后期，修辞学在学校教育和学术研究中的重要性逐渐下降。特别是在19世纪，历史比较语言学的发展以及20世纪结构主义的兴起使修辞学不再是学术研究的主流，只在学生的课本和文体学研究中留下了一些痕迹。由于修辞学不再受到关注，人文学科中的其他学科开始发展成为语篇分析理论的重要组成部分。

在现代语言学中，欧洲的功能主义将语篇作为研究的对象。例如，布拉格学派明确将语篇作为其主要研究对象，他们发展了句子功能观和交际动力说，虽然研究的基本单位是句子，但目标是对整个语篇进行分析，了解语篇的发展和信息传递情况。哥本哈根学派的创始人叶尔姆斯列夫发展了语符学理论，明确将语篇作为主要研究对象，研究如何对语篇进行切分，并探讨切分后语篇成分之间的关系，因此重点是对语篇结构的研究。伦敦学派的创始人弗斯发展了伦敦学派的系统理论，提出了系统与结构理论，将语义和语境理论作为主要研究对象，将语篇作为主要研究单位进行研究。

另外，在美国，20世纪的语篇分析理论还借助于美国社会语言学理论得到发展，代表人物包括海姆斯、布阿斯、拉波夫、撒皮尔、帕克等。首先，海姆斯在20世纪60年代出版了《社会与文化中的语言》一书，虽然没有使语篇等概念成为主流，但已经开始研究称呼、语篇形式等，这些后来都成为语篇分析的主要议题。其中还包括帕克用法位学理论研究文章的语篇，他和他的追随者还研究了当地的土著语言的语篇特点，把法位学理论用于语篇分析中。

语篇分析的概念由哈里斯提出，但由米切尔进行了真正意义上的语篇分析。在他们之后发展起了许多新的语篇分析理论及流派，如布拉格学派、系统功能语言学、伯明翰学派、语用学、会话分析、语篇人种学、批评语篇分析、积极语篇分析、评价理论。

那么，语篇分析为什么会有这么多的流派呢？实际上，这主要是由于语篇分析的研究范围和研究目的不同。

从研究范围上讲，语篇分析包括以下方面：①根据语篇的不同交际目的，语篇要分为不同的语类；②根据语篇产生的过程，语篇要分为不同的阶段；③根据语篇交际产生的结果，我们要分析语篇的结构；④根据支配语篇的产生和运用的不同因素，我们需要研究语篇产生和发展的规则；⑤根据语篇产生的环境，我们要探讨语篇的产生和发展的语境；⑥根据语篇产生的来源，我们需要探讨语篇产生的源泉；⑦根据语篇是由句子体现、由部分组成整体的特点，我们需要探讨语篇中句子和句子之间，以及语篇各部分之间衔接的特点与语篇的整体连贯性。

从语篇分析的研究目的来讲，语篇分析可以归纳为以下两个类别：一是认识语言的本质和特点。包括：①从功能的角度研究语法，为了更好地分析语篇的特点和规律；②研究语篇的会话结构和特点，为了更好地了解人们交际的特点；③研究语篇的语类结构，为了认识语篇的规律和特点。二是认识语言的现实意义。通过研究语篇：①认识语言交际的特点；②了解其他领域的知识；③认识意识形态、社会问题和实际的交际问题。

所以，虽然语篇分析的理论众多，但其都是围绕语篇展开的。不同的理论具有不同的研究范围，同时是为了实现不同的研究目的。我们在选择语篇分析理论作为研究对象时，或者将其应用于解决其他领域的问题时，要考虑其研究的重点、范围和研究目的。

第一节　语篇分析理论的起源

虽然对语篇进行分析和研究已经有几千年的历史，例如在古希腊时期就已通过修辞学对辩论语篇进行研究，但直到1952年哈里斯才首次使用了语篇分析这个术语。他在论文中还将话语分析这个术语作为题目，但他的研究让真正的语篇分析研究者感到失望：他并没有研究语篇的结构和功能，而是研究了形容词和名词的搭配分布，以此来分析它们在语篇中的分布情况。他使用这种方法来分析语篇中句子成分的重复情况。虽然这确实是语篇分析中应该注意的一个方面，但并不是语篇分析的主要研究内容。下面是一个例子：

The trees turn here around the middle of autumn. The trees turn here around the end of October.

The first frost comes after the middle of autumn. We start heating after the end of October.

在这里，他所注重的是同一语法模式的重现，如 the middle of autumn、the end of October 等，而不是语篇的内在特征、语篇的结构和功能特点。

在20世纪50年代，另一个对语篇进行研究的学者是米切尔（1957）。他虽然没有用"discourse analysis"这个术语，但他进行的确实是语篇分析研究。他研究了"在昔兰尼加的市场交易"，对整个交易过程进行了分类。他把市场交易的过程分为三个类别：①拍卖，通过拍卖销售商品；②商店交易，通过吸引顾客到商店买东西来销售商品；③通过其他市场交易手段来进行商品交易。这三类交易过程具有相同的交际结构，可分为五个阶段（如表1-1所示）：

①问候；

②询问要卖的物品；

③检查要卖的物品；

④讨价还价；

⑤结束。

表1-1　交际结构

人物	交易	阶段
BUYER	Do you have a bed to sell?	2
SELLER	I've got one but it's rather expensive.	2
BUYER	Let me have a look at it then.	3
SELLER	Certainly. If you want it for yourself I will make you a reduction.	3
BUYER	How much is it?	4
SELLER	£4.	4
BUYER	What's your last price?	4
SELLER	Believe me if it were anyone but you I'd ask him five.	4
BUYER	I'll make you a firm offer of £3.50.	4
SELLER	Impossible, let it stay where it is.	4
BUYER	Listen. I'll come this afternoon, pay you £3.70 and take it.	4
SELLER	It still needs some repairs.	5

这是一个理想的结构，当然其中有些成分可能不出现，或者可能有更多的成分出现。例如：这个交易过程的第一阶段，即问候，是韩礼德和哈桑（1985）所说的"可选成分"，而交易过程中的其他四个成分都是"必选成分"。这是对语篇语类结构的分析。

第二节 语篇分析理论与系统功能语言学

语篇的结构特点可以通过序列来探讨。序列是指一系列按照特定顺序排列的元素或事件。在语篇中，序列可以体现为不同句子或段落之间的关系和连接方式。

一个常见的序列形式是"相邻对"，即一个人提出问题后，由另一个人回答。这种问答的形式在对话和交流中非常常见，它体现了一种直接的关联关系。

此外，语篇中还可以出现嵌入序列，即一个问答对被嵌入另一个问答对之中。这种嵌入的问答对可以被视为插入顺序，它在整个语篇中起到了补充和进一步说明的作用。

如果嵌入的部分是需要进一步说明的部分，那么它就是侧加顺序。这种侧加顺序的出现可以使语篇内容更加丰富和详细，帮助读者或听者更好地理解和解释相关内容。

总之，语篇的结构特点可以通过序列的形式来分析，包括相邻对、嵌入序列和侧加顺序等。这些序列的存在和连接方式对语篇的连贯性和逻辑性起着重要的作用。

语篇人种学源自美国的社会语言学，主要研究者包括海姆斯、拉波夫、萨克斯、谢格罗夫、杰弗逊、甘柏兹、弗格森等。语篇人种学的主要研究对象是语言的运用，特别是语篇运用的规则。语篇人种学通过探讨言语社团中的参与者来研究语篇的规则。此外，语篇人种学还通过研究不同语篇风格来探讨不同的语言变体，例如方言和普通话等，因为它们在语篇中表现出不同的风格。语篇人种学还通过研究语篇事件来探讨语境因素和语篇行为因素，如语篇场景、语篇结构、语篇参与者、交际目的、语篇基调、话题、语篇渠道和信息形式等。此外，语篇人种学还研究了交际常规，即不同语言社团中的交际规范，如语篇量和空间距离。例如，法国人教育孩子在客人来时不要说话，而俄罗斯人则鼓励孩子积极参与谈话。此外，交际常规还包括何时说话、说多少话以及谈话时应保持身体距离等规则。

系统功能语言学是对语篇分析理论作出最重要贡献的理论之一。它不仅以进行语篇分析为主要动力，还发展了系统功能语法。许多语篇分析理论都以系统功能语言学为基础，例如语篇语类理论、批评语篇分析、积极语篇分析、评价理论、特殊用途语篇和多模态语篇分析等。

系统功能语言学起源于伦敦学派，该学派的创始人约翰·弗尔斯及与他同时代的布罗斯洛·马利诺夫斯基、米切尔等学者，以及他的学生马克·韩礼德、彼得·斯特雷文斯、罗德尼·哈德尔斯顿等都对系统功能语言学的发展作出了贡献。

韩礼德教授是系统功能语言学的创始人，他继承了弗尔斯的系统结构理论和语义语境理论，并结合了布拉格学派、哥本哈根学派、美国的层次语法以及拉波夫的社会语言学理论等，还借鉴了王力和罗常培的语义基础，从而发展出了系统功能语言学理论。

韩礼德一直坚持将语篇作为语言学研究的主要目标，但他并不直接从语篇研究的角度进行研究，而是通过语法研究来进行语篇分析。他在1994年表示："没有语法分析的语篇分析不是真正的语篇分析，而只是一系列评论。"基于这一观点，他发展了系统功能语法理论。

系统功能语法理论描述了语言系统中的选择过程，以及选择结果体现语言意义的过程。在功能语法中，语义系统的选择促进了词汇语法系统的选择，最终形成交际中的语篇。

不同的功能语法结构可以体现不同类型的意义。及物性结构体现概念意义，语气和情态结构体现人际意义，主位结构体现语篇意义。此外，在音系层面，调群的音系结构体现人际意义，信息结构体现语篇意义。

通过分析这些功能语法结构，我们可以深入理解语篇中的意义和结构。这些功能语法结构的选择是在情景语境和文化语境的影响下进行的，它们相互关联、重复和嵌入，形成了系统网络。语篇的产生就是从这个系统中进行选择的结果。

因此，功能语法结构是进行语篇分析的重要工具，能够帮助我们理解语篇中的意义和结构。

然而，仅仅对语篇的句子语法结构进行分析还不足以研究语篇的功能、结构和内部特征。我们还需要研究句子之间如何相互联系以形成更大的单位，以及语篇结构成分之间如何相互联系以形成更大的单位或在更大的单位中发挥作用。

为此，韩礼德和哈桑在20世纪70年代初开始研究衔接理论，并提出了五种衔接手段（1976）：指称、替代、省略、连接和词汇衔接。

指称是指上文中出现的项目在下文中由另一个项目替代或指称的现象，主要通过人称代词、指示代词和比较成分来实现。例如，在上文中出现的"Peter"，在下文中可以用"he""him""his"等代词来指称他。这种指称项目可以出现在下文、上文或语篇外的情景中。尽管语境中的指称项目对于构建整体语篇意义非常重要，但韩礼德并未将其归纳在衔接内，因为它们不是语篇内部的衔接项目。

替代和省略是指上文中出现的语法项目或结构在下文中被其他更简单的项目替代或完全省略的现象。被替代和省略的项目可以是名词短语、动词短语，甚至整个小句。

连接是通过逻辑语义关系将句子与句子或语篇的部分与部分直接连接起来的衔接手段。连接成分可以是连词，也可以是其他连接成分，如连接副词和介词短语等。

词汇衔接是利用词汇之间的关系在句子或更大的单位之间建立联系的衔接手段。这些关系包括词汇的重复、同义词、上下义词、整体部分词，甚至是同一个语义场的词所建立的词汇意义关系。

系统功能语言学还发展了语类分析理论。语类最初是指文学用语，后来在修辞学中被用来表示不同的文类。在系统功能语言学中，语类分析在20世纪80年代才受到重视，并成为重要的研究课题。哈桑通过语域和语境理论探讨了语篇的语类结构，并发展了"语类结构潜势"理论。他认为文化语境是整个语言的语境，即所有语类的语境，而情景语境则成为某个语类的语境，即一个语域的语境。一个语境构型支配一个意义构型，这个意义构型就是一个语类结构潜势，可以生成该语类的所有语篇。

语类结构潜势由一系列结构成分组成，是生成该语类的语篇的结构成分。它包括必要成分、可选择成分和可重复成分。必要成分是该语类的任何语篇中都必须出现的成分，可选择成分是根据情景语境进行选择的成分。必要成分和可选择成分都可以成为可重复成分。可选择成分和可重复成分的出现与否不会改变语篇的语类。

后来，福赛特和文托拉认为，哈桑的理论主要适合静态的语篇分析，而不适合动态的语篇分析，所以，他们提出了流程图理论，用以描述动态的语篇语类结构。

伯明翰学派的创始人是辛克莱尔和考尔萨德。他们对英语课堂教学中的师生语篇进行了研究，并发展了语篇分析的理论。他们借鉴了语法结构成分分析中的级阶理论，发展了语篇分析理论，但其理论基础是系统功能语言学。他们将整个课堂语篇分为三个层次：教学层面、语篇层面和语法层面。教学层面包括课程、课和课段三个级阶的成分；语篇层面包括课、商讨、交换、语步、行为五个级阶的成分；语法层面包括句子、小句、词组、词和词素五个级阶的成分。

另一个以系统功能语言学理论为基础发展起来的语篇分析理论是批评语篇分析理论，也被称为批评语言学。其主要的研究者包括费尔克劳、斯科伦、沃达克、范迪克等。批评语篇分析主要借助系统功能语言学的语法分析理论和语境理论等理论工具，以达到批评语篇分析的研究目的。

批评语篇分析理论与系统功能语言学有不同的研究目标。从语言内部的角度来看，批评语篇分析理论关注的不仅是语言的表达形式，更关注语言形式背后的原因和目的。它对语篇意义的产生过程感兴趣，而不仅仅对意义本身感兴趣。从语言外部的角度来看，批评语篇分析通过揭示意识形态对语篇的影响、语篇对意识形态的反作用以及二者如何与社会结构和权力关系相互关联，来理解语篇的生成和服务社会的方式。

批评语篇分析主要关注三个方面的基本问题：语篇与意识形态、语篇与权力和控制、语篇与社会。

从语篇与意识形态的角度来看，批评语篇分析关注的是语篇与意识形态之间的关系。批评语篇分析认为，语篇中的意识形态成分往往具有不透明性。因此，我们可以通过分析语篇中的语法结构和词汇等来研究意识形态方面的问题。暗含的意识形态命题不仅可以通过分析语言的概念功能，如语篇的及物性结构，还可以通过分析语篇的具体特征，如语气结构、情态（如情态动词）、结构变化（如被动语态）、分类（如形容词）等，来发现意识形态的存在。

从语篇与权力和控制的角度来看，批评语篇分析认为，语言不仅仅是交际的工具，还是控制的工具。语言结构被用来调节人的思想和行为，将人物、事件和物体进行分类和等级划分，以证明某一制度和个人的地位。因此，所有的语篇都受到语言和社会的支配。批评语篇分析不仅仅通过描述来揭示意义，而且还研究意义是如何形成的，如何隐蔽地给某一特定的意识形态以特权，从而控制意义，进而控制人们对社会和政治问题的评论。批评语篇分析认为，权力在维持意识形态语篇结构的主导地位方面起着至关重要的作用。因此，在对语篇进行批评性分析时，应特别关注权力的作用。

从语篇与社会的角度来看，批评语篇分析从韩礼德关于语言是一种社会符号的观点出发，认为意义不是在真空中产生的，语言的使用蕴含于社会语境之中。费尔克劳认为任何语篇都可以同时视为一种三维的概念：语篇，口语或书面语；话语实践，包括语篇的生成与解释；社会实践。语篇的这一性质要求语篇分析也必须是三维的，一般应包括对语篇的语言学描述、对语篇与话语过程之间的关系作出解释和对话语过程与社会过程之间的关系作出解释。

与批评语篇分析理论相对应，且有相似的语篇分析理论的是积极语篇分析。积极语篇分析这一理论是系统功能语言学内部的一个语篇分析理论，是马丁针对批评语篇分析理论的不足提出的。马丁主张，语言分析的对象不应该只是一些含有不平等现象的"坏新闻"，也应该有主张"和平"的"好新闻"。因此，在他的积极语篇分析理论著作中，文本选择成为重要的环节。从分析方法上讲，积极语篇分析主张"三多"，即"多模式"：语言与非语言符号系统对意识形态的作用。"多层次"：对语言系统的语音、词汇语法和语义等层面进行分析。"多功能"：运用韩礼德的系统功能语法理论，围绕概念功能、人际功能和语篇功能展开分析。积极语篇分析主张建设性的分析，而不是消极的批评；主张设计，而不只是解构；主张以和解、和平的方式消解矛盾。马丁推崇的是前南非总统曼德拉的思想境界："既要解放被压迫者，又要解放压迫者。"

另一个主要源于系统功能语言学理论的新的研究领域是多模态语篇（话语）分析，其用语篇分析的方法来研究多模态语篇的特点。随着现代科学技术的发展，很大部分语篇意义是由非语言因素体现的，如伴随语言特征，身体特征，教学设备、实验室、计算机、网络周围的环境因素等。在这种情况下，交际不是利用一种模式进行，如说话是口头、书写是文字等，而是用两种或两种以上模式同时进行，如用PPT上课则是图像、文字、口语同时进行的，模拟与讲解则是动作、口语同时进行的。这种以多种交际方式产生的语篇就是多模态语篇。多模态语篇分析的理论基础主要是在系统功能语言学基础上发展起来的社会符号学理论，它把研究对象扩展到语言以外的其他符号系统，特别是不同的模态系统如何共同发挥作用的。多模态语篇分析探讨其他模态如何像语言那样表达意义，听话者如何解读多模态语篇，如何利用多模态更好地体现要表达的意义等。

第三节 语篇分析研究的范围

如上所述,语篇分析的研究范围十分广泛,可以根据不同方面从不同的角度进行研究。

一、根据语篇的交际目的研究语类

交际需要有明确的目的,不同目的的交际会产生不同的语篇结构模式,即不同的语类。语类的研究范围非常广泛,不同学科对语类的研究结果也有所不同。

例如,民间故事的研究主要关注语篇的内容模式、结构形式特征以及某些语类的功能等语类特征。同时,还通过功能、结构、主题、历史因素以及它们之间的关系来研究语类的"理想类型"。在社会诗学研究中,巴赫金的一系列论著确定了语类在观念形态方面的中心地位,受到西方学者,尤其是北美学者的欢迎。

根据语篇人种学理论,每个语篇事件都可以看作是一种语类,例如幽默、故事、讲课、打招呼、会话等。语篇人种学研究的对象包括在言语社团内被视为语篇的语言变体和语码,以及本言语社团成员用于讲话的"常规"的言语行为和语类。

从修辞学的角度来看,亚里士多德最早从修辞学的角度研究了语类,他认为语篇具有"开始、中间和结尾"的结构。拉波夫也将叙述文的结构描述为"概要、定向、行为系列、评价、结局或结果、结尾"。在系统功能语言学研究中,哈桑对主导语类变化的成分进行了研究,并提出了语类结构潜势理论,认为语类结构包括必要成分、可选成分和重复成分。

马丁根据语类的目的性特点,建立了一个新的语境理论框架,将语类视为文化语境的主要组成部分，是本言语社团的人在社会交际中为实现特定交际目的而选择的交际模式。

二、语篇产生的过程

从语篇产生的角度讲，语篇的形成要分为几个阶段，或者说几个步骤。如写信的过程是先写称呼，再交代写信的目的，然后是主要内容，最后写结尾、落款等；而买东西的过程是先接触售货员，再询问要买的物品，再询问价格或者进行讨价还价，再付款，取东西，告别等。福赛特和文托拉提出了流程图理论来描述语篇的交际过程，在交际过程中可能发生变化，根据这些变化，语篇结构和内容进一步发生变化。因此，马丁说："语类是一个言语社团的成员有目的、分阶段的社会活动。"

三、语篇产生的结果

语篇的形成可以被看作一个分级式的结构模式。在语篇的组成过程中，可以将其分为不同的层次或阶段，每个阶段都有其特定的功能和目的。

例如，在对会话进行研究时，可以使用相邻对、话轮、有限顺序和插入顺序等方法来探讨会话的结构。这些方法从实证的角度来研究语篇的组成，揭示了语篇中不同层次之间的关系和相互作用。

另外，语类结构是将语篇作为一种语类的具体表现方式来进行分析的方法。语类结构由不同的成分以一定的组织方式组合而成，形成一种分级式的结构模式。马丁将这种语篇实际体现的语义结构称为"框架结构"，描述了语篇中不同层次之间的关系和组织方式。

这种分级式的结构模式可以帮助我们理解语篇的组成过程，并揭示不同层次之间的关系和相互作用，也可以用来描述语篇的结构和内容发生的变化。

四、语篇的支配因素

第四个需要考虑的重要问题是语篇选择的支配因素。这是语篇分析的重要内容,也是许多其他语言学分支研究的重要方面。语篇的选择受到文化背景和情景语境因素的支配。在情景语境因素中,一些约定俗成的基本原则起着主要的支配作用。哲学和语用学在研究中探讨了这些基本原则,发现了一些支配语篇使用的原则,如合作原则、礼貌原则、交际原则等。

合作原则和礼貌原则是对所有交际都具有限定作用的因素,它们规定了说什么、如何说、说的方式,尤其是规定了"如何说"。西尔将言语行为体现的语言规则分为两个类别:调控性规则和组成性规则。调控性规则重点说明哪些言语行为受到限制,例如"儿童不能在草坪上踢足球"。而组成性规则确定言语行为本身,例如"如果儿童没有注意到路边的警示牌,他们就会在草坪上踢足球"。

这些支配因素对语篇的选择起着重要的作用,它们影响着人们在特定情境中如何使用语言来达到交际目的。

五、语篇产生的语境因素

语篇的产生受到特定语境的影响,语境对于语篇的选择具有决定和控制作用,因此,语篇分析中必须包括对语境的描述。不同的理论框架对语境的描述有所不同,因此,不同的语言学家提出了不同的语境理论框架来描述语篇产生的语境。

首先,韩礼德将语境分为情景语境和文化语境。文化语境是整个语言环境,为所有语篇的交际提供了背景。然而,每个语篇都有其具体的语境因素,韩礼德将这些因素归纳为三个类别:

语篇范围:描述语篇涉及的事件和讨论的内容。它涉及语篇中发生的事件以及讨论的具体主题。

语篇基调：描述交际者之间的关系，包括长期的社会角色关系和临时性的交流角色关系。这些关系会影响语篇的表达方式和交际方式。

语篇方式：描述语篇在特定情境中的作用，可以是组成性的，即构成语篇的重要组成部分，也可以是辅助性的，即在语篇中起辅助作用的因素。此外，语篇方式还包括交际的渠道和媒介等因素。

这些语境因素决定了语篇内容的选择，以及语篇的总体结构、意义和词汇语法等方面的选择。

其次，海姆斯的交际人种学理论也对语篇的语境进行了研究。他从语篇事件组成成分的角度谈论了语篇的语境因素，包括八个成分：场景、参与者、目的、基调、行为序列、工具、常规和语类。

再次，克里斯特和达维在探讨不同语言变体的文体特征时对语境进行了描述。他们提出了以下语境制约因素，分为三个类别：

A类因素包括个体性、方言和时间。这些因素与讲话者本身的特点相关，是长期不变的因素。

B类因素是语篇，包括媒介和参与。媒介可以是复杂的或简单的，可以是口语或书面语。参与可以是复杂的或简单的，可以是独白或对话。这些因素与语篇的方式相关，即语篇是如何实现或完成的。

C类因素包括领域、地位、语式和个性爱好等。这个类别实际上是多个类别的综合，包括语篇涉及的领域、参与者的社会地位和权力关系、语篇的类别或语类，以及参与者在某些特定时刻暂时表现出的个性特征等。

这些语境制约因素共同影响着语言变体的文体特征。

六、语篇内部的衔接与连贯

语篇的组成机制涉及句子如何组合为一个段落、一个部分、一个结构成分和一个完整的语篇。这些机制被称为衔接，它们与其他相关因素共同构成连贯的语篇。

韩礼德和哈桑是最早研究衔接机制的学者。他们在他们的著作《英语的衔接》中，提出了语篇衔接的概念，即句子与比句子更大的成分之间的联系。他们区分了五种衔接方式，并提出了"衔接+语域一致性=连贯"的模式，为衔接研究奠定了基础。哈桑进一步发展了衔接理论，增加了结构衔接的概念，包括主位结构、信息结构和平行对称结构，并将相邻配对作为一种衔接手段。他还提出了三种衔接关系：同指，例如Peter-he；同类，例如apples-apple；同延，例如apple-pear。

胡壮麟认为衔接的范围应该扩大，衔接不仅包括语篇功能结构，还包括概念功能结构、语篇结构和语音层面的成分。他研究了及物性结构的衔接作用，并提出及物性结构之间可以形成衔接关系。他还研究了语篇结构的衔接作用，例如语篇的宏观结构和相邻配对。此外，他还研究了语音层面的衔接，例如语音模式、语调和信息结构等方面的衔接关系。

张德禄进一步扩大了衔接的范围，提出了跨类衔接的概念，探讨了词汇和语法、语音和语法之间的衔接手段。他还提出了组织人际意义的衔接，例如语气结构之间的衔接、情态与语气的衔接。此外，他还提出了语篇与语境关系的衔接，即语篇内部的项目与语篇外部的非语言项目之间的衔接关系，这种衔接关系被称为隐性衔接关系，包括外指衔接（即语篇内部的项目和语篇外部非语言项目的衔接）和空环衔接（由意义发展中的意义空缺形成，属于语篇层面上的省略现象，由语篇外部的非语言特征来填充）。

第二章　语篇的生成机制

在交际中，每个人几乎每天都在说话。然而，人的大脑并不像仓库一样能够储存所有要说的话，以备需要时使用。尽管大脑有很大的潜力，但储存所有的话既没有必要，也是不可能的。因为我们无法预测将来会遇到什么情况、需要说什么话，更无法预测对方将要说什么。

实际上，除了一些常用的套话外，大脑中储存的是一个由规则组成的语言系统。根据说话的需要，我们可以利用这些规则生成句子，表达自己的意思。言语交际是在人们的生产活动中完成的，而言语活动是由人的大脑控制的。因此，人的心理活动、性格、情感、内在的知识结构以及当时的心态等都可能影响言语交际，影响语言的生成。

本章不涉及如何生成语法正确的句子，而是在讨论语篇的连贯和衔接要素的基础上，从另一个角度探讨人的意识对语篇的影响以及语义连贯的语篇是如何生成的。换句话说，本章从思维的角度来研究语篇的生成机制。

第一节　语篇构成手段

众所周知，语言可以分为几个层面：音素、音节、语素、词、句子和语篇。语篇是一个完整的交际系统，是由多个语言单位组成的。

语篇的构建涉及形式和内容两个方面。形式上，语篇通过词、短语、句子和句组等信息载体来表达意义。这些语言单位通过语法规则和语义关系相互连接，形成连贯的语篇结构。内容上，语篇通过选择合适的词汇、语法结构和语用策略来表达特定的意义和信息。

人们从事不同的社会活动可能会产生不同的语篇体裁或语篇形式。不同的社会活动和交际目的会影响语篇的结构和语言的使用方式。例如，新闻报道、科学论文、广告宣传等不同的社会活动会采用不同的语篇体裁和语言风格。

在语篇中，词、短语、句子和句组等语言单位通过衔接机制相互连接成篇。衔接机制包括词汇衔接、语法衔接和语义衔接等。词汇衔接通过词汇选择和词汇重复来实现，语法衔接通过语法结构和句法关系来实现，语义衔接通过语义关系和上下文信息来实现。

本节将讨论以下问题：语篇的形式和内容构建、不同社会活动对语篇的影响、语言单位如何表达意义以及语篇中的衔接机制。

一、语篇类型与体裁

在语篇生成的过程中，我们首先需要考虑语篇的类型和语篇体裁。每个人都会参与各种社会实践活动，不同的活动会产生不同的语篇形式。

语篇体裁是我们作为特定文化成员从事的有既定目标的阶段性活动。例如，我们在阅读时会遇到诗歌、散文、戏剧、小说、童话、烹饪手册、新闻广播等不同的语篇体裁。语言学家马丁指出，语篇体裁是有步骤、有目的的活动类型，而艾金斯认为每种已被承认的社会行为都对应一种语篇体裁。这表明语篇体裁具有社会文化属性。

语言是一种社会符号系统，它的存在依赖于语境。因此，语篇的构建受到社会文化语境的影响，并可以通过语域的三个变量来解释。确定语篇所属语篇体裁类型的主要依据是语篇在社会活动中要实现的目的或要发挥的功能。换句话说，语篇体裁涉及特定社会文化范围内有目的的交流。语篇体裁可以通过有阶段、有步骤的纲要式结构来体现。例如，在英语中，食谱的纲要式结构可以表达为名称、简介、原料和配料、烹饪方法等阶段。

语篇的生成与语篇体裁密切相关。当我们听到或看到诸如"A long time ago""Long long ago""Let me tell you a touching story which happened to me several years ago"等语句时，我们会根据这些语句所承载的话题来判断它们所属的语篇体裁。这表明我们在潜意识中对语篇体裁进行了大致的分类，能够大致区分小说、诗歌、散文等不同的语篇体裁。语篇体裁本身就是人类社会活动的一部分，这种活动常常以非言语的形式存储在我们的工作记忆中，而这些活动类型的语言形式则常常以言语的形式存储在我们的工作记忆中。这两种形式的映像通过人类的联想机制最终被加工成一个相对稳定的意义框架，并存储在我们的记忆中。

因此，对于语篇体裁的评判，在很多情况下已经通过我们的日常社会实践活动存储在我们的大脑中，不需要刻意地追求才能作出正确的判断。实际上，语篇体裁通常由结构成分组成，而"社会规约决定我们要经历一系列步骤或阶段"。每个步骤都会对语篇体裁所要实现的整体意义或交际目的作出贡献，这种成分阶段性的组织方式就是我们之前提到的"纲要式结构"。属于同一语篇体裁的语篇在宏观构成上必定有相似之处，因为在创造或理解语篇时，我们经常受到以往同类语篇的影响。换句话说，当需要时，大脑中的记忆可以激发我们对特定语篇结构和内容的想象，使我们能够按照这种模式与他人进行交流而不偏离主题。

如果说语篇体裁结构是对一类语篇体裁从认知模式上进行的整体描述，那么语篇类型则是对个体语篇的组织方式进行的描述。实际上，语篇体裁和语篇类型是同一语篇属性的不同方面。语篇体裁更多地体现了一种动态的社会过程，并由语篇的宏观交际目的来确定。而语篇类型的概念则是静态的，由具有相同内部语言特征的一组语篇来定义。这两者的形式分别属于语篇分析的两个不同层面。语篇体裁的构成成分是根据它们对实现宏观交际目的的贡献程度来确定的。而不同语篇类型的结构则准确地描述了语篇内容的组织方式，体现了成分之间的相互关系，常见的语篇类型包括"问题－解答"模式等。这两个概念在内涵上有所不同，但在外延上有交叉，并不是一一对应的关系。属于同一语篇体裁的语篇可能具有不同的语篇类型（修辞结构），而同一语篇类型的语篇也可能具有不同的交际目的，因此属于不同的语篇体裁。然而，这两者之间仍然存在一定的联系，同一类语篇体裁通常具有典型的语篇结构实现形式。

语篇体裁高于语域，决定了语域的变化，但通过语域得以实现，而语域又取决于情景配置的三个变量，即语场、语旨和语式。语域最终通过词汇和语法编码的形式在语篇中得到实现。这就是为什么不同的语篇具有不同的修辞结构。

人们使用不同的语篇体裁来表达不同的社会活动，也就是说，语篇体裁具有不同的目的，因此，说话者在词汇和句法层面的选择也会有所不同。例如，特定的语篇体裁可能具有典型的实现模式，即使在同一语篇体裁内部，不同阶段结构成分的语言实现方式也会有所区别。因此，对语篇的分析可以从多个层面和多个角度进行，不应以任何形式上的单位为依据，而应从意义的角度进行分析。如：

例（1）：

A: Hello! B: Hello!

例（2）：

A: It's a fine day today. B: Yes, it's a lovely day.

例（3）：

A：吃过了吗？

B：没有，这就去。

例（4）：

A：上哪儿？

B：去买菜。你呢？

A：去上班。

以上四个语篇都是"问候"语篇，同样表达问候意思，英、汉语有不同的形式。即使同一文化表达"问候"的方式也各不相同，如例（1）和例（2）不同，例（3）和例（4）也不同。而且，"问候"语类还远非只有这些形式，并非固定不变，它受到语域等多种因素的影响。因此，在进行语篇分析时可根据侧重点的不同对某个层面加以重点阐释。

就语篇体裁分析而言，语篇的形式必然有其特定的社会文化背景。如例（3）、例（4）都是典型的汉语化问候方式，这一方式若用在西方文化中就不得体，会被认为干预他人"隐私"。由此可见，对文化背景进行分析有助于人们从社会情景的角度分析语篇构建的得体性。

从系统的角度来看待语篇分析可以帮助学生发现不同语篇之间的相似点和不同点，找出不同语篇体裁或语篇类型之间的有机联系，并通过对语言的动态选择来描述相关的语篇构建过程。对语篇类型进行分析可以帮助我们了解特定语篇的内部组织机制，使我们从语篇的构成方式上熟悉特定语篇的修辞方式。

例如，我们知道诗歌具有美妙的韵律、小说具有吸引人的情节、散文具有优美的语言，而童话则能用简洁的语言表达深刻的道理，深受孩子们的喜爱。当我们分析这些不同类型的语篇时，不可能采用一种通用的方法面面俱到，而应该有所侧重。对于诗歌，我们可以分析诗歌中韵律与意义表达之间的关系；对于小说，我们可以重点分析作者如何刻画富有个性的小说人物，以及如何通过结构来构建小说情节；对于散文，我们可以重点分析作者如何运用词汇来表达不同的情感；对于新闻报道语篇，我们可以重点分析新闻语篇中的态度倾向性表达等。

总之，符合社会规约、被人们接受的语篇与该语篇所处的文化背景和社会实践背景密切相关。因此，在语篇分析中，对不同类型的语篇体裁进行分析需要采用不同的分析方法。正确地区分语篇体裁和语篇类型有助于我们对语篇进行有针对性的分析。

二、语篇衔接与连贯

前文内容从宏观的角度探讨了我们在不同的社会实践活动中产生的不同话语方式。现在，我们将从微观的角度考察句子的生成，即话语的连贯性和衔接性。所谓的"衔接"是指存在于语篇内部的，能够使整个文本成为一个连贯语篇的各种有意义的成分（韩礼德、哈桑）。简单来说，衔接是通过词汇和语法手段将句子连接起来形成篇章的方式，而"连贯"则是通过这些手段实现的效果。韩礼德和哈桑明确指出："当一种成分的解释依赖于另一种成分的解释时，就会出现衔接。"换句话说，衔接用于解释话语中的语义关系，因此，任何表达话语中语义关系的特征手段都应被视为衔接手段，例如词汇、语法、语音等。请看例（5）：

A: Generally speaking, your paper is very good, but there are still some spelling mistakes.

B: Thank you so much, I'll try to correct them after class.

例（5）中，"them"回指上一个小句的"spelling mistakes"，而这里的"mistakes"（错误）又指前面"your paper"中出现的"mistakes"。也就是说"paper""mistakes""them"这三个项目之间形成一条语义链，具有一定语义关系。转折词"but"把A的话语中的两个小句以转折关系联系起来，使得A和B两个人的话语在语义上连贯，形成邻近配对关系。

可以说在例（5）中，名词、代词和转折词在这一语篇中起了重要的衔接作用。实际上，语篇的衔接手段只是作者使用的一种谋篇手段，这种手段可分为显性和隐性两种。显性手段包括语法、词汇和音系；隐性手段包括情景省略和背景省略。衔接的方式包括篇内衔接和篇外衔接。

"显性衔接"是指语篇在语法、词汇和音系层面产生的衔接关系。如

例（6）：

It is often believed that only rich middle-aged businessmen suffer from stress. In fact, anyone may become ill as a result of stress if they experience a lot of worry over a long period and their health is not especially good. Stress can be a friend or an enemy. It can warn you that you are under too much pressure and should change your way of life, but It can also kill you if you don't notice the warning signals. Doctors agree that it is probably the biggest single cause of illness in the Western world.

例（6）共10小句，除功能词不计外，直接重复的词汇有以下三组：

——stress、stress、stress、pressure；

——ill、illness；

——warn、warning。

语篇的衔接方式包括篇内衔接和篇外衔接。篇内衔接主要指显性衔接，篇外衔接主要指隐性衔接。语篇中的显性衔接手段包括语法、词汇和音系三个方面。在词汇层面上，主要表现为词汇的复现和词汇的搭配。例如，在例（6）中，我们可以通过几组重复出现的词汇发现本段内容讲的是压力与疾病的关系。此外，语篇的语法衔接主要体现在结构性、信息结构和非结构性方面。总体而言，语篇是一个语义单位，以线性的方式表达出来。通过分析小句或句子之间的衔接关系，我们可以了解语篇的生成方式。在例（6）的语篇中，第一个小句的两个中心词"rich middle-aged businessmen"和"stress"以名词的形式出现在后续的句子中。这些中心词的再现以代词（如"they"和"it"）的形式出现，并一直延续到最后。这些代词通过回指前文出现的内容起到连接语义的作用。此外，语篇中的连词（如"if""and"和"that"）也有助于使整个语篇在逻辑上更加清晰，并在结构上进行衔接。所有这些衔接手段都被视为"显性衔接"，并在语篇中形成一个衔接链，将整个语篇像珠子一样串联起来。如图2-1所示：

序号	Middle-aged businessmen	stress	ill/illness
1	businessmen	stress	↓
2	anyone ↓	stress ↓	ill
3	they ↓	worry	↓
4	their ↓		↓
5		stress ↓	↓
6	you	Warn/pressure ↓	it
7	you ↓	Change your way of life ↓	↓
8	you ↓	↓	it
9	↓	↓	↓
10	you	Warning signals	It/illness

图2-1　语篇衔接链

　　图2-1是对例（6）中10个小句的衔接分析，我们发现整个语篇都围绕着三个衔接链展开。第一个衔接链首先从middle-aged businessmen的角度开始叙述，提出问题，接着以代词（they/their）指称，并将这一指称扩展到anyone和you。实际上，类似anyone、you的词在英语中被称为"泛指词"，与之相对应的是特指词。胡壮麟认为：语篇中为了叙述的需要，遇到人、物、事情或地点时，使用一些表达泛指概念的词（如anyone、person、thing、place等）不仅可以避免词语重复带来词汇贫乏、苍白无力之感，更重要的是能够将语义中心线扩展到更大的范围，以加强语义。

　　第二个衔接链是围绕着压力（stress）展开的。语篇中在第1、2、3、5、6五个小句中都出现了同一词语，只不过在第3小句中换了一个同义词（worry），而第6小句以其名词的形式（pressure）出现，到了第7、9小句作者又将语义升华到因为压力太大，所以希望改变生活方式（change your way of life），因为这已经是疾病的预警（warning signals）。

　　第三条衔接链是疾病（illness）。在语篇第2小句中以名词形式出现，接着在第6、8两个小句中以代词形式来取得语义上的连接，最后在第10小句中又以名词形式来强调。

从以上分析可以看出，这是一个语义连贯的语篇，小句之间相互衔接。该语篇围绕着三个衔接链展开，不断再现几个代表衔接链的中心词。例如，在第二句中出现的"ill"一词在句中和句末反复出现，具有前后呼应的效果。从心理角度来看，这种反复出现增加了读者短期记忆的持续时间。在这里，我们仅从词汇的角度分析了衔接的一种显性方式。实际上，衔接是一种语义关系，这种语义关系的实现还可以通过情景性省略和背景性省略等隐性手段来实现，使整体语义产生相互的联系。

隐性衔接是一种在句子层级甚至更大单位上的省略现象。在隐性衔接中，省略的部分无法在上下文中找到，只能由听话者或解释者根据情景语境和文化语境进行推测。如例（7）：

A：Where is Henry?

B：There is a white car outside the library.

乍看上去A和B之间的对话没有任何衔接关系，但如果A、B双方在特定的语境中，他们的话语就是有衔接关系的。我们可以这样理解：Henry有一辆白色小车，他平时出去总开着那辆车，而这一情况 B 也是清楚的。因此，针对这一对话我们可以作出如下判断：实际上B告诉 A 的信息是，"亨利（Henry）在图书馆"。交际双方能成功地传达信息是因为他们拥有共同的背景知识。再看例（8）：

A：Can you tell me the time?

B：The third period has just begun.

在这个对话中，B 是想说我不知道现在的准确时间，但能提供与此有关的线索，使 A 能够从中判断出大约的时间，这通过"第三节课刚开始上"这句话话语本身的衔接关系是找不到的，而只能根据双方的共同文化背景信息推测出来。A、B 双方若来自于同一文化背景，就可以推知大约的时间。

可见，语篇的隐性衔接与交际双方共有的情景语境和文化背景有关，可通过双方共有知识来推断出说话者想要表达的含义。

关于语篇的连贯性，不同的学者有不同的观点。韩礼德和哈桑（1976）认为，语篇连贯必须满足两个条件：一是上下衔接，二是符合语域的要求。上下衔接指的是通过语法手段（如照应、省略、替代和连接）以及词汇手段（如重复、同义词、反义词、下义词、局部关系词和搭配）将语篇中的不同成分在意义上联系起来。符合语域的要求则意味着要采用适当的宏观结构，即符合语类结构。

实际上，语篇的连贯性是衔接的结果，是从受话者的角度来看的。因为对于同一个语篇，某个受话者可能认为它是连贯的，而另一个受话者可能认为它并不连贯或者不太连贯。这是因为语篇的连贯性需要经过受话者的心理过程，包括推测、判断、选择和评定。因此，这种认知过程可能会导致认知方面的偏差。如例（9）：

A：你有事吗？

B：你多休息一会儿。

例（9）的对话对没有共享背景知识的人来说很难理解，甚至根本就是答非所问。但如果A、B双方有共享的背景知识，这就是一个连贯的语篇。试想：A、B双方是同一办公室的同事，A想在外面多休息一会儿，B明白A的意思，因而告诉A，他可以在办公室内照看，让A在外面多休息一会儿。双方交流顺畅，表达意义完整。因此，对有共同背景知识的交际双方来说，这是一个连贯语篇。再如例（10）：

A：Does the baby cry at night?

B：He's two months old.

在例（10）的对话中，代词"he"用来指代上文中的"the baby"，从而在两个词项之间建立起相互照应的关系。这个代词的使用只能说明A、B两人谈论的是同一个人，即双方知道的那个婴儿，但不能在"婴儿夜间啼哭"和"两个月大"这两个命题之间建立意义上的联系。换言之，不能解释这一问一答是否连贯。就这个具体例子而言，连贯的建立必须依靠言语活动参与者调用自己的知识来解决。这一观点等于说，语言形式上不衔接的语段，在意义上却有可能是连贯的。从某种意义上讲，由情景实现的衔接更加重要，它们不仅使得语篇的意义形成一个整体，而且还把语篇与语境联系起来，标明语篇在语境中的地位和作用。因此，语篇连贯不仅仅是语篇内部意义的衔接，还包括语篇与语境的衔接。

实际上，连贯与交际双方的交际意图有关，就像例（9）所示。而交际意图受到社会文化、思维模式的影响，同时也受到现实情景语境的支配，还受到交际者自身的个性、个体思维模式和知识结构等因素的影响，就像例（10）所示。交际意图与文化语境和情景语境相互作用，共同支配着对意义的选择。张德禄等学者认为，语篇连贯的标志至少有以下三个方面：语义关联性、主题关联性和语境关联性。语义关联性指的是语篇的各部分之间在意义上有联系；主题关联性指的是语篇的各部分之间都符合语篇总主题的要求；语境关联性指的是语篇的各个部分都与语篇产生的情景融为一体，共同完成交际过程。这三个方面的特征可以从多个层面以多种形式体现出来，例如在词汇语法层面上，有非结构衔接特征、结构衔接特征、主位结构、信息结构、物性结构、语气结构；在音系层面上，有语音和语调衔接机制等。

三、修辞互动策略

语篇的连贯与衔接是语言单位连接成篇的重要标志。然而，语篇的生成实际上是一个十分广泛的概念。从宏观上来说，语篇的生成涉及语篇的形式、内容、技术性和艺术性等方面；从微观上来说，其涉及语篇的表达和理解。语言学家费尔克拉夫认为，语言中隐含着意识形态，同时语言也可以建构意识形态。也就是说，人的意识形态影响话语的理解和语篇意义的重构，更准确地说，意识形态影响生成新语篇。在谈到什么样的话语特征或层面具有意识形态意义时，费尔克拉夫指出，首先是意义层面，既包括词汇意义，也包括语境、预设、话题、修辞、互动策略、视角等多方面。下面从修辞与互动策略方面来说明意识形态对语篇生成的影响。

这里的修辞是指"言语交际活动中的话语控效行为,即发话人有效调控言语交际的进程和交际的各种参与因素,运用最具针对性的言语策略,最大限度地促进发话人所期望的话语效果成功实现"(李军)。话语中的修辞有多种表现方式,例如在句法层面有隐语、委婉语、讽刺语和对比语等;在语音层面上有头韵和押韵等。为什么作者在这个语篇中使用明喻,而在另一种场合却使用暗喻?这从侧面反映出作者对语篇的构建所采取的态度,或者说反映了作者看待问题的方式。例如,在大家熟悉的奥斯汀的小说《傲慢与偏见》中,作者运用了这样一句话作为小说的开场白。

例(11):It is a truth universally acknowledged that a single man in possession of a fortune must be in want of a wife.

在这个句子中,作者采用了十分庄重、严肃、客观的语气来表达庸俗荒诞的思想。这里的圆周句"It is a truth universally acknowledged"起势庄重、语气正式、态度客观。作者似乎要在此告诉读者一个普遍公认的客观事实或"真理"。然而,当人们读完整本书之后,才发现这一"真理"并非举世公认的哲理或道德规范,而是毫无哲理意味、散发着市场铜臭的荒诞无稽的论调。在此,作者运用高雅客观的文体表现粗陋卑俗的思想内容,达到了讽刺嘲弄的目的,并以委婉的方式来控制读者的理解,既点明了全书的主题,又奠定了作品的讽刺基调。作者通过构建这样一个情态隐喻的语篇开端,向读者传达了深刻的寓意。由此可见,这里修辞手段的运用为整本书的格调奠定了基础。

互动策略是指话语的互动性质。所有语篇的作者都是针对一个明显的或潜在的读者群进行创作,也就是说所有的语篇作者都在面对这一读者群说话,都在设想与这一读者群产生互动。互动在话语结构中扮演了一个重要角色。首先,它反映了作者对读者意识形态控制的作用。从意识形态的角度来看,对话语的控制不仅表现在篇章结构中,还反映在参与者的角色和行动中,例如说话者对话题转换、表达方式、表达内容的控制等。请看例(12):

①A：Glad to see you here. What's your name please?

②B：My name is Wu Lei.

③A：Oh Wu.

④B：Wu Lei, a male criminal.

⑤A：Oh, what crime did you commit?

⑥B：Oh, I was accused of robbery.

⑦A：What?

⑧B：Robbery.

⑨A：Robbery. Could you please tell us how much money you robbed from others?

⑩B：Actually, all of the money I robbed was from the railway station.

⑪A：Railway station.

⑫B：Actually, that's not out of my choice.

⑬A：You said you're forbidden to do this kind of thing.

⑭B：Yes, in my hometown, you know, I come from countryside and my family was the poorest. And my father went to gamble every day and my mother was very ill. And all my family had to raise money to save her illness. And I'm the oldest in my family. So I had to get money.（unfinished）

例（12）是一个一对一的访谈记录，整个谈话共有 14 个话轮。A 为主持人，B 为访谈对象。虽然从整个谈话所占用的时间来看，主持人占用的时间少，访谈对象占用的时间多，但是主持人规定了参与的结构、内容、会话话题或主位推进。从以上对话可以看出，B 只是在回答主持人提出的问题。在这一访谈中共有 4 个话题，如句⑤、句⑨、句⑪、句⑬全部都是 A 引出的。实际上，在日常的即兴谈话中，每一个参与者应该是有相等的机会来提出和发展他的话题的，但在这里显然主导这个访谈的是主持人，是他的意识或思想控制着整个谈话内容。在此，A 主要是想了解 B 的犯罪动机，这一目的清晰地体现在他的话语方式中。另外，在医生与病人、老师与学生、上级与下级之间的许多谈话中都有类似的话语控制现象。

从以上实例可以看出，意识形态对发话者的信息组织起着重要作用，修辞互动策略会促使说话者选择一种合适的表达方式，例如采取正式的方式还是非正式的方式，用明说还是用隐喻的方式说，用简单句的形式还是复杂句或圆周句的形式等。这一切都改变了语篇的表达内容与表达方式，即以一种人们难以察觉的方式影响语篇的生成。

第二节 语篇推进结构

以上我们谈到了语篇的连贯与衔接以及意识形态对话轮的控制，那么，语篇整体是如何推进的？本节将讨论语篇的信息结构与语义整合、主位和述位结构及主位推进模式。它们有两个共同的特点：第一个特点是这些结构都由前后两个部分组成，例如信息结构由旧信息和新信息组成，主位结构由主位和述位组成；第二个特点是这些结构经常可以往下推进，形成语篇的动态特点。在此，我们从单句的主述位推进讲到了语篇整体信息的推进。随着推进结构的展开，语篇的意义不断补充完整，为语篇的动态特点作出贡献。语篇动态性的特点要求我们进行语篇分析时首先应当对语篇有整体的系统思维，以变化的、结构的、多视角全方位的方法来分析语篇。

一、信息结构与语义整合

句子是传递信息的基本单位，其作用是传达信息。语言的线性排列决定了在传递信息时必须按照先后顺序进行。说话人和听话人在信息传递中需要选择一个共同的出发点和说话目标。出发点是指双方都知道的信息，是他们共同的背景知识。而说话目标只属于说话人，听话人不知道，它是传达给话人的新信息。系统功能语法从听话人的角度将信息分为已知信息和新信息两类，并认为在交流中，新旧信息不断交替出现，形成信息流。为了方便传递和接收，这个信息流以各种信息单位的形式组织起来。在交际中，信息流通常是从已知信息到新信息，这反映了人类的认知过程是从已知到未知的过程。在书面语和口语中，信息流的传递方式不同。在书面语中，语言结构的线性特点使得人们通常按照信息的交际价值进行排列。新信息的交际价值较高，通常放在话语的后部；已知信息的交际价值较低，多放在话语的前部。这样，随着句子的线性延伸，信息量逐渐增加。这一观点与许多语言学家所提出的"句末重心"或"句末焦点"原则是一致的。如例（13）：

The poem was written by William Shakespeare.

例（13）中的主要信息："by William Shakespeare"被安排在句末，成为新信息。一般来说，说话者通常选择那些已经在上文中出现过的成分做主位，选择那些尚未在上文中出现过的成分做述位。这样主位常与已知信息重合，述位常与新信息重合。从上例中可看出"The poem"为已知信息（即主位），而"by William Shakespeare"是新信息（即述位）。然而，在口语中，信息焦点的表达方式与书面语中的不同，它可以通过语调来表示。如胡壮麟列举了这样一个例子：

例（14）：He fell into the <u>pond</u>.

例（15）：<u>He</u> fell into the pond.

例（16）：He <u>fell</u> into the pond.

例（14）中，最后一个词"pond"是句子的焦点，是新信息的中心。而例（15）和例（16）则不同，根据语调，它们的信息中心分别是"He"和"fell"。这一变化使得句意也发生了变化。在例（15）中，代词"He"重读，使句子的含义有别于例（14），强调是他而不是别人掉进了池塘。在例（16）中，动词"fell"重读，使句子的含义既有别于例（14），又不同于例（15），强调他这个人是无意中掉进池塘，而不是故意跳下去，也不是被人推下去的。

事实上，不论口语还是书面语，单句还是整篇或整段，语篇中新旧信息的排列方式，以及由此造成的信息流动会带来完全不同的语篇效果。再看例（17）：

If we wish to be free —— if we mean to preserve inviolate those inestimable privileges for which we have been so long contending, if we mean not basely to abandon the noble struggle in which we have been so long engaged, and which we have pledged ourselves never to abandon until the glorious object of our contest shall be obtained, we must fight!

（如果我们想要自由——如果我们真想维护我们长期为之斗争的珍贵权利，使之完整无损，如果我们不愿可耻地放弃我们长期从事的发誓不达光荣目的绝不罢休的崇高斗争，那么，我们就必须战斗！）

例（17）中前置部分由三个并列的条件状语从句（if）组成，状语从句中又含有三个定语从句（for which…in which…and which）和由 until 引导的一个时间状语从句。从语篇信息波的推动来看，信息量随着句子成分的线性延伸而逐渐增多，形成一种递进关系，产生越来越强烈的悬念，最后信息焦点落在末尾一句，即唯一的出路就是——"we must fight!"。这样形成的一个信息波具有发人深省的效果。

语篇由语音、词汇和句子组成，这三者必须形成一个有机的整体才能有效地传递信息。首先，语篇中的语音具有象征意义，如高、低、快、慢等，有助于塑造人物形象，构建音义联想链、展现语篇语音组织的语义结构特点、产生感染力，从感觉、知觉、情感等方面影响读者和听众。其次，理解语篇中的词汇应结合具体的语境，即只有将词汇意义的分析放在言语交际（语篇）的动态语境中，才能深刻理解词义及其用法。再次，词汇中的词根和构词词缀（前缀、后缀）都可以成为发挥篇章语义整合功能的手段。例如，一首诗歌可以通过前缀和构词词缀构建全文的总体结构，从而整合语篇全文，体现关联性向整体性的转化。最后，语篇的句子具有反映现实关系和语法关系的篇章功能。句与句之间通过语篇语境和句间连词来凸显和构成特定的语篇意义，体现篇章主题、思路、评价、言语风格，形成语篇的宏观框架结构和语篇多维空间语义场，最终产生语篇语义整合效应。

实际上，语言单位在各自的言语语境中积累与语篇表达信息一致的基本语义。交际活动将这些基本语义连续不断地组织成新的语义结构，形成语篇中的多种语义链。这些语义链相互交错，形成语义网。同时，语义流沿着人的认知交际活动螺旋式移动，形成篇章整体的多维空间语义场。语篇作为一种交际活动，涉及作者和读者两个交际主体。作者通过语言单位的多层级体系在语篇中反映自己的世界观、人生理想、生活经验、审美观等。读者借助语言单位的多层级体系理解语篇语义内容、体会篇章的韵味、挖掘篇章的思想内涵、获取篇章的语义信息，从而使自己的身心受到影响和感染。这些效果的实现与语篇整体信息的传递密切相关。

人的认识是复杂的心理、思维过程。人的思维借助语言符号来认识和反映世界。语篇是人们直接用语言表达对世界的认识，语篇的语义空间结构是人们反映物质世界和精神世界的直接现实。无论是自然界、人类社会还是人的思维、情感等，都不是单一线性的，而是多层次的开放系统。

在这一小节中，我们将具体的语篇信息传递方式与语篇的整体语义结合起来，以揭示语篇的多维空间语义。篇章语义整合不仅适用于较长的语篇，对于单个语言现象的理解也需要运用整合方法。在汉语口语中，我们经常听到这样的语句："你是什么意思？""这是一点小意思。""你这样说就没意思了。"在不同的情境下，"意思"一词表达的意义和思想内容完全不同。这是因为整合的方式随着语境的变化而变化，即语言符号所表达的语义不仅取决于符号组成成分及其组合方式，更取决于上层单位。孤立于语境之外的句子或词语，脱离了下属的支持和上级的制约，无法发挥交际作用，也不会存在于言语中。在交际中，人们在使用或理解语言单位时，都会自觉或不自觉地运用语义整合原理。

二、主位和述位

韩礼德认为，主位是小句中第一个出现的成分，是信息的出发点或说话者所选择的出发点；而述位则是听话者已经知道的或可及的内容。语言表达的线性排列会产生"先入为主"的语言感觉，从而影响听者或读者对话语的理解。特别是当语篇由多个句子组成时，就会有多个主位存在。在这种情况下，作者的选择变得至关重要，因为它体现了语篇的总体思路和整个语篇的指向。实际上，语篇就是若干个主位的序列，这个序列的安排既体现了语篇信息的流动，也体现了作者思维的连续性。

如例（18）：

I can't stand Sally Binns. She's tall and thin and walks like a crane.

I do admire Sally Binns. She's tall and thin and walks like a crane.

例（18）的第一句意指 Sally Binns 丑陋、笨拙，而第二句使用与第一句同样的词句，却意指一种优雅和风度。这是因为，句子的排列可以影响受话者或读者对其会话含义的判断。语言的线性特征使得说话者不得不对主位进行选择，也就是说，主位的选择必定受制于说话者的思维习惯和话语的上下文语境，因而，主位的选择体现了作者的意图和情感。

再看另外一组句子，即例（19）：

原　句：But in Switzerland, they give you a cognac; Here, they give you tea and bikkies.

改动后的句子：

①But they give you a cognac in Switzerland. They give you tea and bikkies here.

②But in Switzerland they give you a cognac. They give you tea and bikkies here.

还有其他改动方法，但你会发现原句的效果更好。原因在于选择什么内容作为话语的起始。在例（19）的原句中，两个句子的主位"But in

Switzerland"和"here"形成了鲜明的对比，思路清晰，指代明确。而另外两个改动后的句子却无法产生鲜明的对比，因此没有这种效果。由此可见，主位与每个小句的信息组织有关，进而与语篇的组织产生联系。从这一点来看，通过分析小句主位的分布，我们可以把握语篇信息的逻辑顺序、意义的连续性以及作者的思路。

关于主位和述位，还有两点：一是主位的分类；二是标记性主位和无标记性主位。韩礼德在《功能语法导论》（*An Introduction to Functional Grammar*）一书中，对主位的划分提出了自己的观点，他将主位分为单项主位和复项主位。他指出，两者的区别在于前者没有内部结构，不可以进一步分析；而后者有内部结构，可以进一步划分为语篇主位、人际主位和话题主位。

单项主位指的是那些只包含韩礼德所说的概念成分，而不包括人际成分和语篇成分的主位。如：

例（20）：The man in the wilderness（T）//said to me.（R）

例（21）：Slowly and quietly（T）//he pushed the door open.（R）

例（22）：Tom, the piper's son（T）//stole a pig and away did run.（R）

复项主位是由多种语义成分构成的主位。它总是含有一个表示概念意义的成分，另外还可能含有表示语篇意义和人际意义的成分。下面是两个典型的例子，复项主位中含有上文提到的各种成分。

例（23）：On the other hand, maybe on a weekday it would be less crowded.

例（24）：Conversely, possibly females felt more at ease responding to a non-specific female address.

如果语篇主位、人际主位和话题主位三种成分同时出现在同一个主位中，它们的排列顺序通常是语篇成分先于人际成分，人际成分先于概念成分，如例（23）和例（24）。当充当小句主位的成分同时充当小句的主语时，这样的主位叫作"无标记主位"；如果主位不是小句的主语，这样的主位就称为"有标记主位"。根据韩礼德"正当理由原则"，除非有正当理由，否则话语的主位一般为无标记主位。而话语中选择标记主位一般有以下几个正当理由：话语连接、强调对比、语体对比、转移话题、提示新信息等。所以"句子结构越具有标记性就越有特殊的含义和意图"。请看例（25）：

①Dear John：

I'm sitting at my desk writing to you. What's outside my window is a large lawn surrounded by trees and it's a flower bed in the middle of the lawn. When it was full of daffodils and tulips was in the spring. Here you'd love it. It's you who must come and stay sometimes; we've got plenty of rooms.

Love, Sally

②Dear John：

I'm sitting at my desk writing to you. Outside my window is a large lawn surrounded by trees, and in the middle of the lawn is a flower bed. It was full of daffodils and tulips in the spring. You'd love it here. You must come and stay sometimes; we've got plenty of rooms.

Love, Sally

③Dear John：

I'm sitting at my desk writing to you. A large lawn surrounded by trees is outside my window and a flower bed is in the middle of the lawn. It was full of daffodils and tulips in the spring. You'd love it here. You must come and stay sometime; we've got plenty of rooms.

Love, Sally

例（25）的三个语篇表达的内容相同，但表达的方式不同。当教师在课堂上让学生判断Sally最有可能用哪一个语篇邀请John来家里作客时，99%的同学都能说出是语篇②。问其原因，大家都认为语篇②表达最清楚，最符合逻辑。为什么同学们都有这样的感觉呢？下面请看我们对语篇②的主述位分析。

这个语篇总共有7个小句。从这个语篇的7个主位选择来看，前4个主位作者都重复了上句的述位内容，即将上句的述位变成下句的主位，以此产生语义连贯的感觉。语篇中的两个标记性主位："Outside my lawn"一方面表明作者想强调这一内容，另一方面也起到承上启下的作用，同时让人感觉作者的逻辑思维很严密。最后三个无标记性主位（You和We），其中最后一个主位（We）与前两个主位（You）形成语义上的连接，实际上也是对前面所写内容的升华，即希望收信者能来感受这样的美景，让"我们"一起共同度过美好时光。另外，从主述位的信息流动来看，符合从已知信息到新信息的认知规律和句末信息焦点的原则。这不仅使得语篇在意义上头尾相关联，同时也使整个语篇具有很好的连贯性，因此让人感觉特别顺畅。而另外两个语篇（①和③）在语篇的连贯等方面就不如语篇②，因此没有这样的感觉。

所以，了解整个语篇中的主位选择情况，以及主位是如何一步步向前推进，即语篇的主位推进模式，有助于我们了解语篇信息流动的规律。当然，语篇中主位推进的方式并不是固定不变的。韩礼德的系统功能语法介绍了放射型、聚合型、阶梯型和交叉型四种主位推进模式，其他学者也对此进行了不同的研究，并提出了不同的分类方式。事实上，在实际语篇中，我们通常看到的是多种模式混合使用的情况。无论是哪一种语篇，为了使信息安排合理，并避免形式的单调性，都不会自始至终使用同一个模式。

三、主位推进模式

下面我们简单地分析一个语篇的推进模式，以期发现该语篇的信息传递方式。

例（26）：

If you look at the Pacific from a space capsule, you might think that the world was all water. You would hardly be able to see any land at all. Water covers most of the Earth's surface. The sea contains a large number of substances besides common salt. If you boiled away some seawater, you would find over forty different materials. For instance, out of a cubic mile of water you would get ninety-four tons of silver and three tons of gold. Of course, even if it were possible to do this, it still wouldn't be worth the trouble. It would cost more to get these precious metals than they are worth. However, the sea provides us with a great many materials which we can get easily and which we use a lot. For instance, we use huge quantities of sand in industry to make glass, detergents, and cement.

例（26）中共 10 句，正确地划分这个语篇中的主位和述位，我们就能够理清讲话者的思路，了解讲话者想说些什么，他是从什么地方开始说的，又从什么地方引入新的话题，讲话者想要传递的信息与哪些内容有关。我们知道，在一般情况下，主位所承载的信息是已知信息，述位所承载的信息是新信息。因此，通过找出这一段话的主位，我们可以大致了解作者想要表达哪些内容。例（26）中各句的主位排列如下：

T1 If you look at the Pacific from a space capsule

T2 You

T3 Water

T4 The sea

T5 If you boiled away some seawater

T6 For instance, out of a cubic mile of water

T7 Of course, even of it were possible to do this

T8 It

T9 However, the sea

T10 For instance, we

只要把这10个主位通读一遍，我们就可以清楚地知道作者想要表达的内容。不难看出，该语篇主要讲"海洋"。作者在前两句中简单描述了地球上辽阔的水域之后，转入正题，"海水"是海洋中最丰富的资源。可以看出，整个语篇所叙述的话题是：海洋中海水的广泛用途。作者通过几个标记性主位使得这一中心内容得以突出。如在第六个主位中，作者使用了"For instance"这个标记性主位，表明作者意欲通过实例说明"这一资源"的用途；第九个标记性主位（However），引出了海洋中含有其他比盐更宝贵的物质；

第十个标记性主位（For instance），将海水用途广泛的主题进一步深化。另外，第六个和第十个主位完全一致，这也使得整个语篇产生前后呼应、有始有终、叙述完整的效果。

从以上分析可以看出，语篇的主位为听话人（读者）提供了一个语篇理解框架，在这个框架中语篇的意义得以解释，而句子主位的选择就像摄像镜头的切换一样，是由说话者来控制的，说话者不断地给出信息。主位是作者最先给出的信息，是作者希望读者最早接收到的信息；述位是作者想要叙述的内容。当一个新的信息说出后，它就立刻变成了已知信息。作为已知信息，它又可以成为新信息的起点，一旦这个新信息被说出，又成为已知信息，如此不断循环。可以由一系列围绕一个题目的若干语句结成语段，若干语段又可以组成语篇。人们把这种信息的连续性发展叫作主位—述位推进模式。

下面让我们来看看这一语篇的主述位是如何推进的。在对这段语篇中每句的主位结构进行切分的基础上，我们可以看到全文的主位推进是按如下模式进行的：

T1——R1

T2（=R1）——R2

T3——R3

T4（=T3）——R4

T5（=T4）——R5

T6（=T5）——R6（=R5）

T7（=R6）——R7

T8（=R7）——R8

T9（=T3）——R9（=R8）

T10（=R9）——R10

在这篇短文中，使用最多的模式是放射型（4次，占40%），接着是阶梯型（4次，占40%）。T3和R3相对独立，可视为作者引入的新话题。接着都是顺着这一话题进行详述，到T9重提原话题。由此，我们可以看出，作者在写这篇短文时，大多数时候是围绕着某一个话题展开的，整个语篇基本上是从上一句的述位部分包含的新内容中选择某个成分作为下一句的起点。

关于主位推进模式与语篇分析的关系，胡壮麟认为，研究主位结构可以帮助读者了解和掌握语篇中关于中心内容的信息在语篇中的分布情况。同时，它也有助于读者理解语篇中各个句子之间的内在联系。我们还可以从以上的分析中看出已知信息和新信息的分布情况以及两种信息之间的相互作用。

实际上，主位推进模式不仅有助于单个语篇的分析，还有助于同一体裁的语篇分析。对于这个问题，许多学者进行了许多有成效的研究。例如，朱永生提到了恩奥古对医学类语篇使用主位推进模式的一般规律的研究。研究发现医学论文正文、论文摘要和报刊对医学发展的报道在主位推进模式的选择上存在差异；马丁和弗里斯等功能主义语言学家对语篇体裁、主位选择以及信息分布的关系进行了开创性的研究；此外，国内学者赵建成和余毓国研究了英语汽车广告中以不同目的为主的广告的主位推进模式；陈雁研究了致谢语篇的主位推进模式的特点，等等。这些研究结果表明，主位推进模式的选择与体裁密切相关。在阐述性语篇中，第一个句子通常与上文保持逻辑联系，它是对上文某个部分的扩展，或者是对上一个成分的补充。而叙述性语篇中的句子往往以人物、时间或地点作为起点，因此更多地使用主位同一模式。在感谢类语篇中，主位推进模式更多地体现为以"感谢对象"为主位的主位同一型，从客观方面肯定了他人从不同方面对编撰工作的帮助和支持，也说明这一语类并不仅仅是表达个人主观感情的语类。总之，说话者不会随意地将某一信息放在句首作为思想的出发点，而是把自己心中确定的起点放在句首，因此也反映了说话者的心理思维。

主位推进模式作为语篇的主要生成机制，在语篇分析中可以发挥以下三个方面的作用：（1）反映单个语篇中话题发展的方式以及语篇的不同组成部分如何在语义和逻辑上相互联系；（2）指出属于同一体裁的语篇在主位推进方面有哪些相似之处；（3）指出不同体裁的语篇在主位推进模式的选择上有哪些区别，或者说体裁如何影响语篇对主位推进模式的选择。

第三节　言语表达层面

语篇的生成涉及人们如何使用语言的过程，其中包括表达和理解两个阶段。表达阶段主要针对发话者，而理解阶段主要针对受话者。然而，在实际的交际中，双方的角色可能会发生变化。在某些情况下，双方可能会进行调整，即客体反客为主，受话者在理解的基础上进行表达，而原来的发话者则成为交际对象进行理解。这种表达和理解的方式被称为交互式。

无论是交互式还是单项式，"表达+理解"都是言语交际的重要过程，都涉及人们如何生成语言的过程。因此，在对一个语篇进行分析时，我们既需要分析发话者如何表达，也需要分析受话者如何理解和反馈。然而，发话者表达的意义和受话者接受的意义并不总是完全一致的。例如，当你说"您今天气色很好"时，对方回答说"昨天我也没有生病呀！"这就是理解和表达之间的偏离现象。

因此，注意"表达和理解"过程的实现方式变得尤为重要。通常情况下，为了让自己的言语表达能够被他人接受，以实现交际成功，要注意以下几点：（1）保证自己所生成的语言得体；（2）让使用的言语体现关联性；（3）把握好表达的程度，处理好精确表达和模糊表达之间的关系等。

一、得体性

语言交际的得体性是语用学的一个重要的概念。从20世纪70年代语用学作为一门独立的学科以来，语言交际的得体性越来越受到人们的关注。关于"得体"有三种解释。第一种是《现代汉语词典》的解释："得当；恰当；恰如其分"，这是一种较为宽泛的解释。第二种是郑颐寿的解释："文章的写作要注意到语体、文体风格得当，这条规律就是'得体律'"，他认为得体是适应语体和文体。第三种是修辞学理论中关于得体性的解释，王希杰在《修辞学通论》中指出：得体指的是语言材料对语言环境的适应程度。利奇在《语用学原理》(*Principles of Pragmatics*) 一书中说："I have in mind the effective use of language in its most general sense, applying it (rhetoric) primarily to everyday conversation, and only secondarily to more prepared and public uses of language."显然，利奇在他的"人际修辞的礼貌原则"中加入了"得体准则"，在利奇看来，"得体"是礼貌原则中所包含的一条具体规则。另外，著名语言学家尤金·奈达认为："得体性"指的是切合情景特征的意思（由于任何判断都是在特定的情景下作出的，因此总是包含"得体性"这一因素）。可见，得体性和情景（语境）有密切的关系，人们作出的任何判断都有得体与不得体之分。

不论人们对"得体"作出何种解释，最重要的是在交际中要努力使自己的表达做到以下几方面的"得体"：

（1）身份的得体：在语言表达中，我们需要意识到自己所处的身份和地位。例如，一个中学生对父母说要求他们"孝敬"自己是不得体的，因为作为子女，我们应该尊敬和孝顺父母。因此，我们需要根据自己的身份选择适当的表达方式。

（2）语境的得体：语言表达需要考虑时间、地点和场合，即具体的语言环境。在不同的场合，我们需要使用不同的讲话方式和词语。例如，在正式场合，我们需要使用正式的语言和礼貌的措辞；而在非正式场合，我们可以更加随意和亲近地表达自己。

（3）行为的得体和对象的得体：在语言表达中，我们需要遵守礼貌准则，包括谨慎和礼仪等。我们需要注意自己的言行举止是否得体。此外，我们还需要考虑我们的表达对象，即对不同的人采用不同的讲话方式。例如，对长辈或上级，我们需要更加尊敬和谨慎地表达；而对朋友或同辈，我们可以更加随意和亲近地表达。

（4）社会环境的得体：这一点是指时代、社会制度等大场合。"What's

your name"作为脱离语言环境的独立的句子，谁也不会怀疑它不是正确的、地道的英语，但当我们拿起电话，询问对方是谁时，我们可能会选择使用"May I know who is calling"，在这一特定场合中，"What's your name"就显得不得体了。同样，拿起话筒，告诉对方自己的姓名时，我们通常也不说"Hello, I'm John"而说"Hello. John's here"或者"This is John（speaking）"。

可以看出：第一，任何表达都离不开语境；第二，选择适合语境和交际身份的语言形式是得体交际的关键所在。如，当某人想找另外一个人要根火柴来点燃香烟时，他在语言形式上可能有下列选择：

直接陈述他的需要：I need a match.

使用祈使句命令对方：Give me a match.

有礼貌地提出要求：Could you give me a match?

征询对方的许可：May I have a match?

直接询问对方：Do you have a match?

暗示对方：The matches are all gone, l see.

口语中直接陈述：Got a match.

然而，在具体的情景语境中，得体的选择可能仅限于其中的一两种。而另外的选择则可能由于交际目的、交际场合，以及参与者之间的角色关系、社会地位、年龄性别等语境因素而显得不得体，甚至显得粗鲁无礼、荒唐滑稽。如果你想通过火柴和对方套近乎，用"May l have a match"就可能有违初衷，而"Got a match"则具有这一语用功能。如果对方是一位素不相识的女士或社会地位较高的人，这一话语又会显得不得体甚至无礼。同样，如果你想和对方保持距离，你可能会说"I wonder if I could bother you for a match"，但如果你在野餐时对你的朋友说同样的话，就会显得很不得当。

实际上，在跨文化交际中，由于对文化差异的无知而出现的不得体往往比语言错误更为严重。伍尔夫森曾经指出："在与外国人进行交往中，讲本族语的对于语言和句法错误一般都比较宽容，然而，违反讲话规则却通常被理解为粗鲁无礼，因为讲本族语的人不大可能意识到社会语言学的相对性。"

艾伦·坎宁斯沃斯在其所著的《第二语言教材评价与选择》（*Evaluating and Selecting EFL Teaching Materials*，1984）一书中通过叙述他亲身经历的一件事来说明了这一点：一位美国教授应邀到中国讲学，中方派了一位会讲英语的教师陪伴照顾他。在教授讲了第一次课之后，出于礼貌和对教授的关心，这位教师告诉教授："You look rather tired. You'd better take a good rest."而这位教授则根据他的文化习惯把这理解为对他讲课的批评，因而感到非常不快。类似这样的实例在跨文化交际中可以说是屡见不鲜。

因此，在运用语言和分析具体语篇时，既要分析语言形式的不同引起的表达方面的差异，更要分析因跨文化交际中文化习俗的差异带来的交际失误。分析语言的实际运用效果，分析语言使用者在说话、写作时是否恰当地运用了语言知识、语言交际准则，是否做到了既准确、生动，又优美得体，分析语言交际者在说话时是否看场合，包括时间、地点、内容、意图、交际者之间的关系等，分析交际中是否注意到文化的差异性所引起的交际方式的改变等，这些都是语篇分析所要关注的内容。

二、关联性

关联理论认为：交际首先是一个明示的过程，发话人为了让受话人明白自己的意图而向受话人提供某种明显的线索；其次，交际双方之所以能够理解双方的意图是因为存在一个认知模式——关联性。双方通过从语境中寻找关联而获得最佳语境效果，最终达到成功交际的目的。因此，关联理论把言语交际看作是一个明示推理的认知活动。这种活动由发话人发出一种刺激信号，并使其在交际双方之间相互显映。通过刺激信号，发话人的一系列意图能够更加清楚地显映。

按照斯珀伯和威尔逊的观点，语言交际过程是认知过程，话语理解既是人们主动思维、积极认知的动态推理过程，又是依靠语境建构相关话语信息的求解过程。语篇分析就是试图解释话语的理解过程，以及研究在一定语境下话语含义和推理机制的过程。如例（27）：

A: You are going out to the beach?

B: It's raining.

例（28）：

A: Did you ever read Charles Dickens?

B: I prefer non-critical realism.

例（27）中B向A传达了现在外面在下雨的信息，即向A传达了其信息意图，使对方了解现在外面情况如何。同样例（28）中B向A传达了一个明确的信息"他喜欢非批判现实主义的作品"。通过这些话语，发话人表达了某种意图，这些话语就是一种明示行为。不过话语的字面意义所表现出的信息意图不是发话人最终所要传达的信息。因为发话人的明示过程中存在两种意图：信息意图和交际意图。

信息意图主要指言语的表面含义，即所传达的内容。而交际意图则是从语用学的角度来看，超越了言语的字面意义，指的是说话人透过传递交际意图来表达的意图，即所说的话的背后含义。例如，在例句（27）中，字面意义是"天在下雨"，但实际上是B告诉A他不去海边。同样，在例句（28）中，字面意义是"喜欢非批判现实主义的作品"，但实际上是B告诉A他不喜欢狄更斯或批判现实主义的作品，他没读过这类书。从以上例子可以看出，人们对言语的理解是一个将其置于语境中的过程，是言语信息与相关语境相互作用的结果。此外，关联理论还强调了"最佳相关"的概念。最佳相关指的是在正常的交际中，听话者总是追求和遵循最佳相关的目标，即在认知过程中以最小的投入获得最大的认知效果。再看例（29）：

A: Did you ever read Charles Dickens?

B: Yes, several.

比较例（28）与例（29）我们发现：例（29）的回答比较简单明确，是对A询问的直接回答，即B的回答与语境的关联性大。例（28）则是一个间接的回答，与A询问的关联性不是很明晰，他需要受话人调用相关的认知假设才能明白发话人的意图,并且即使 A 花再多的认知努力也无法取得确切的答案,也就是 B 的回答与语境的关联小。由此可以看出,话语同认知语境之间的关联越小,付出的努力就大;相反,话语同认知语境之间的关联越大,付出的努力就小。正因为如此,在言语交际中,关联性就可能成为一种语用策略。请看例(30):

三个读书人在上京赶考前找了一个算命先生算命,算命先生伸出一个手指头,闭口不言。三人不解其意,请他作解说。算命先生摇头说:"此乃天机,怎可泄露。"三人无奈,只得下山而去。当晚,他的徒弟悄悄问师父:"你白天对三人只伸出一个手指,究竟是什么意思?""笨徒,这个诀窍你还不懂吗?告诉你吧,来者共有三人,如果一个考中,那一个手指就表示只考中一个;两个考中,那一个手指就表示其中有一个没考中;三个都考中,那一个指头就表示一齐考中;三个都没考中,那一个指头就代表一道都落榜了。"

例(30)中算命先生"伸出一个手指头",这种认知语境的不明确性使得其解读存在多种可能性,逻辑上包括三人的全部可能的命运和各自不同的命运。这些都与听话者的认知关联性有关,也使得算命先生的预言不可能落空。这一"语言游戏"说明,关联性可以成为一种语用策略,故意违反关联性可以取得某种特殊的语用效果。

三、模糊性

在现实生活中,许多事物的定义存在模糊性。许多词语所表达的概念没有明确的边界,可以说是非量化的、非定性的。加上人的认知思维具有模糊性,导致人们在言语交际中广泛使用模糊语言。人们在不同场合、语境下,受到主客观原因和心理因素等影响,会有意识、无意识或潜意识地使用模糊语言,以达到特定的交际目的。除了模糊目的不同外,人们实现模糊的方式也各不相同。例如,使用模糊限制语,约略词语,笼统、含混等词语都可以表达模糊的概念。相对于精确性语言而言,模糊语言更具有灵活性和相对性等特点。它能提供适度的信息，使言语产生幽默、夸张、反讽、得体等语用效果。如例（31）：

  A：I guess smoking is not permitted here.
  B：Is that? I'm sorry.

  例（31）中，B 在公共场所抽烟，A 没有立即制止，而使用模糊语"I guess"，因为模糊词"guess"含有不确定性，若把"I guess"去掉，那语气就完全不同了。A巧妙地应用这一不确定性既含蓄地对B提出警告，又保留了B的面子，使交际双方建立了良好的合作关系。类似情况在日常生活中有很多，如海关工作人员常用的一句套语，"Do you have anything to declare?"之所以这里用"anything"而不用"something"就是因为"anything"具有不确定性，从而表达了对乘客的信任和尊重。假设海关工作人员说："Do you have something to declare?"其言外之意就是乘客隐藏着什么物品企图逃税。可见运用模糊语言是发话者给对方留面子的一种行之有效的技巧。模糊语言使言语表达更委婉、含蓄、有礼貌，使听话者有可能从另一个角度对话语加以理解。

  话语的模糊性能够带来许多预想不到的言语修辞效果，比如，模糊产生幽默，幽默达到语言之美。幽默语言往往具有反常规性、奇巧得体性和精练含蓄性，幽默通过比喻、拟人、双关等手法，能将人们交际中紧张、激烈的气氛排除掉，以免造成压力，并营造亲切、愉快的气氛，如例（32）：

  Two friends are chatting in the pub.
  A：My wife doesn't appreciate me. Does yours?
  B：I wouldn't know. I've never heard her mention your name.

  例（32）中，A 遵循说得"尽量少"的准则，用"Does yours?"来询问 B 的妻子是否欣赏 B。但由于"Does yours?"是省略的用法，在上下文中既可以理解为"Does your wife appreciate you?"，也可以理解为"Does your wife appreciate me?"。显然 A 意图表达前者，而 B 故意曲解为后者，他说"不知道，我从来没听她提起你"，这里主要是模糊语言"Does yours?"在起作用。

B利用了"话语信息差"——即第一说话人遵循说得"尽量少"的准则，提供极其精简的信息量，使得第二说话人在扩充信息时有机可乘作刻意曲解来戏弄同伴，达到幽默效果。

模糊语言的修辞魅力重在表达简洁、提高效率、富有美学效果，从而使言语得体。

如例（33）：We take a load off your mind.

例（33）是一则航空公司的广告，它利用了双关的模糊修辞手法。"load"在本句中有双重意思。其一是字面意思：精神负担；其二是另一层含义：货物荷载。这句话含蓄地表达了双层意思：本公司货运服务质量可靠，客户无须烦恼。

从以上几个实例可以看出，在交际中语言表述的模糊性、不确定性既是语言的一个固有的特性，又是交际的一种手段。现实世界的复杂性和人类思维的局限性，使得人们无法也不可能用精确的语言来表达。当然，受语言的局限性而把话语弄得含糊的情况，有时也会给交际带来负面影响，使得交际失败。如例（34）：

A：I'm still taking the liquid medicine.

B：The Maalox or the Mylanta?

A：I guess that's what it's called. It's kinda pinkish.

B：Pinkish hub? Let's see what they call it here on the chart…It's not Dilatol, isn't it?

A：I don't know. It's kinda, it's kinda pinkish.

B：Pinkish.

A：You know, Kinda pink.

B：Well, let's see what they gave you. Pinkish color…the one that you take with your water pill every day?

A：Orange juice.

B：Right, right, okay.

例（34）中，我们发现病人和医生谈了半天，却因病人没法表达清楚，含糊其词，医生最终没能明白病人服了什么药，于是谈话也就没法继续，只好中断。医生和病人之间没能达到沟通的目的，当然也就不能实现看病的效果。

第三章　语篇管界与语篇策略

第一节　语篇管界

一、什么是语篇管界

管界问题最早起源于对汉语的研究。廖秋忠在他的文章《篇章中的管界问题》中首次提出了语篇中的管界问题。在形式上，他对其进行了界定，将管界定义为某个管领词语（如动词、各种修饰语等）所支配、修饰或统领的范围。当管界跨越句子边界时，就称为语篇管界。

二、语篇管领词

根据廖秋忠的观点，带有语篇管界的管领词可以分为两大类，即句中的管领词和语篇的管领词。句中的管领词语是句子本身的一部分，并延伸到后面的句子中。通常情况下，它们的管界只是句子本身的一部分，只有当单独一句话无法表达其完整的管界时，才形成语篇管界。而语篇的管领词则是语篇的组成成分，它的管界与其所在的句子不是同一个句子，通常超过一个句子的长度。带语篇管界的句中管领词语按其语法性质可分为三类：（1）谓语动词；（2）状语；（3）连接成分。

根据上述观点,笔者对英语中的管界现象进行了研究和考察,并与汉语中的管界现象进行了对比。

(一)谓语动词

廖秋忠认为,带有语篇管界的谓语动词可按语义分为六类:表述动词,感知动词,行为动词,等同动词,包含动词,存在动词。

例(35):

戴光明指出,现代社会生活节奏快,广大市民尤其是年轻人,心理压力也特别大。在日常繁忙的工作和生活中,一定要多抽时间锻炼身体,多与身边的人交流,生活饮食要尽量规律。

例(35)中,"指出"是言语行为动词,其管界的范围到段末。介词短语"在日常繁忙的工作和生活中"是语篇的管领词,也受"指出"的管辖。在下面的例子中,方括号([……])表示语篇管领词的管界范围。

例(36):

I had often been told [that the rock before me was the haunt of a genius; and that several had been entertained with music as they passed by it, but never heard that the musician had ever made himself visible.]

例(37):

I remember [a remark made by Scaliger about Potanus, that all his writings were filled with the same images; and that if you took away him his lillies and his roses, his satyrs and dryads, he would have nothing left that could be called poetry.]

例(36)中的 told 是一个表示告知的表述动词,它的管界已经超出了小句的范围,管界的终点在第二个 that 小句的结尾处,但是 heard 一词是表示感觉的感知动词,它的管界则是句内管界。在例(37)中,remember 是一个感知动词,它的管界超出了小句范围,成了语篇管界,这里它的管界终点在句末。再如例(38):

To answer that question, you need to dig a little deeper. As Larry Young, a researcher into social attachment at Emory University in Atlanta, Georgia, explains, [the brain has a reward system designed to make voles (and people and other animals) do what they ought to. Without it, they might forget to eat, drink, and have sex with disastrous results. That animals continue to do these things is because they make them feel good. And they feel good because of the release of a chemical called dopamine into the brain. Sure enough, when a female prairie vole mates, there is a 50% increase in the level of dopamine in the reward center of her brain.

Similarly, when a male rat has sex it feels good to him because of the dopamine. He learns that sex is enjoyable, and seeks out more of it based on how it happened the first time. But in contrast to the prairie vole, do rats not learn to associate sex with a particular female. Rats are not monogamous.

This is where vasopressin and oxytocin come in. They are involved in parts of the brain that help to pick out the salient features used to identify individuals. If the gene for oxytocin is knocked out of a mouse before birth, that mouse will become a social amnesiac and have no memory of the other mice it meets. The same is true if the vasopressin gene is knocked out.]

[The salient feature in this case is odour. Rats, mice, and voles recognize each other by smell.] Christie Fowler and her colleagues at Florida State University have found [that exposure to the opposite sex generates new nerve cells in the brains of prairie voles, in particular in areas important to olfactory memory. Could it be that prairie voles form an olfactory "image" of their partners, the rodent equivalent of remembering a personality, and this becomes linked with pleasure?]

例（38）中有两个动词，一个是解释说明的表述动词 explain，其管界的范围不仅超出了小句，还超出了段落，管界的终点在第三段的末尾。另一个动词是第四段的行为动词 found，该动词的管界范围与 explain 不同，它不仅向后管界到该段的末尾，而且向前管界到该段的起始。

（二）状语

一些句首状语所修饰的范围有时也可以跨越本句的边界，形成语篇管界。廖秋忠按语义将这类状语分为九类：A.时间和处所词或短语，B.状况短语，C.过程短语，D.目的短语，E.消息来源短语，F.角度短语，G.评估短语，H.话题短语，I.方面短语。

A、B两类短语提供事件发生的场合，C、D两类状语指出事件发生的背景，E类状语指出所报道的消息的来源，F类状语表达观察事物的角度。G类状语表达说话人对所说的话的真实性所作的估计，H、I两类状语则分别表达话题或话题的某一方面。

根据这种分类方法，笔者对英语中的状语成分进行了分析，与汉语不同的是，有时英语中的状语虽然出现在句中，但其管界可以超出小句的范围。请看下面的例子：

例（39）：

Upon looking up, What mean, said I, those great flights of birds that are perpetually hovering about the bridge, and settling upon it from time to time? I see vultures, harpies, ravens, cormorants, and among many other feathered creatures, several little winged boys, that perch in great numbers upon the middle arches.

例（40）：

I here fetched a deep sigh, said I, man was made in vain! How is he given away to misery and mortality tortured in life, and swallowed up in death! The genius being moved with compassion towards me, bid me quit so uncomfortable a prospect. Look no more, said he, on man in the first stage of his existence, in his setting out for eternity. But cast thine eye on that thick mist into which the tide bears the several generations of mortals that fall into it.

例（41）：

In like manner, almost all the fictions of the last age will vanish, if you deprive them of a hermit and a wood, a battle and a shipwreck.

例（42）：

If the world is promiscuously described, I cannot see what use it can be to read the account; or why it may not be as safe to turn the eye immediately upon mankind, as upon a mirror which shows all that presents itself without discrimination.

例（43）：

Upon a more leisurely survey of it, I found that it consisted of three score and ten entire arches, with several broken arches, which added to those that were entire, made up the number about a hundred.

上例中的状语虽然都位于句首，但它们的管界都超出了小句范围。

例（44）：

[Why this wild strain of imagination found reception so long], in polite and learned ages, [it is not easy to conceive; but we cannot wonder that, while readers could be procured, the authors were willing to continue it: for when a man had by practice some fluency of language, he had no further care than to retire to his closet, let loose his invention, and heat his mind with incredibilities; a book was thus produced without fear of criticism, without the toil of study, without knowledge of nature, or acquaintance with life.]

例（45）：

[Many writers], for the sake of following nature, [so mingle good and bad qualities in their principal personages, that they are both equally conspicuous; and as we accompany them through their adventures with delight, and are led by degrees to interest ourselves in their favour, we lose the abhorrence of their faults, because they do not hinder our pleasure, perhaps, regard them with some kindness for being united with so much merit]. (On Fiction, by Samuel Johnson)

例（46）：

[It is] therefore [not a sufficient vindication of a character, that it is drawn as it appears, for many characters ought never to be drawn, nor of a narrative, that the train of events is agreeable to observation and experience, for that observation which is called knowledge of the world, will be found much more frequently to make men cunning than good.] (On Fiction, by Samuel Johnson)

上例中的状语都位于句中，其中例（45）、例（46）的状语只是安插在第一个小句的主（谓）语成分之间，整个句子的横切不明显，所以其管界的范围也很容易确定，即都在句末，都超出了小句的范围。而例（44）中的状语 in polite and learned ages 却安插在了两个小句之间，使小句间出现了一个明显的隔断，因此这个时间状语的管界不仅超出了小句的范围，而且向后管界到句末，还向前管界到第一个句子。

同时，我们还注意到一个现象，就是语篇统领词可以统领全篇。

例（47）：

When I was at Grand Cairo I picked up several manuscripts, which I still have by myself. Among others I met with one entitled, The Visions of Mirza, which I have read over with great pleasure. I intend to give it to the public when I have no other entertainment for them and shall begin with the first vision, which I have translated word for word as follows. On the fifth day of the moon, which according to the custom of my forefathers. I always kept holy, after having washed myself, and offered up ray morning devotions.

…（段落 2）

…（段落 3）

…（段落 4）

…（段落 5）

…（段落 6）

…（段落 7）

…（段落 8）

这里的 as follows 和 on the fifth day of the moon 统领的就是全篇，as follows 的管界还超出了 on the fifth day of the moon。

（三）连接成分

廖秋忠认为，语篇中的连接成分，包括语篇中句中的连接成分以及语篇中独有的连接成分，如果它们所连接的部分用一句话表达不了，那么就形成了语篇管界。

如例（48）：

In addition to providing valuable insights, this study also highlights the need for further research in the field.

这个例子中，连接成分 in addition to 用于连接两个句子，并且表达了一个补充说明的意思。如果将这两个句子合并成一句话，可能无法准确表达同样的意思。因此，这个连接成分形成了语篇管界。

再如例（49）：

Moreover, the study found that regular exercise not only improves physical health but also has a positive impact on mental well-being.

在这个例子中，连接成分 moreover 用于连接两个句子，并且表达了补充信息。如果将这两个句子合并成一句话，可能无法准确表达同样的意思。因此，这个连接成分形成了语篇管界。

在对英语中的管领词进行研究时，我们发现除了廖秋忠提到的语篇管领词外，还存在一种未被提及的语篇管领词。这可能是英语这种屈折性语言所特有的现象，即英语中动词的非限定形式也可以表示时间。尽管这种表示时间的方式不能完全摆脱动词原有的语义，但时间的意义仍然非常明显。因此，在语篇中，这种动词形式可以构成语篇管界。

例（50）：

Taking my small bag of potatoes to Sunday school, [I looked around for the poor children, I was disappointed not to see them. I had heard about poor children in stories.]

在例（50）中"Taking my small bag of potatoes to Sunday school,"是一个动词的非限定形式，动词 take 后面带有"ing"，就表明了一种时间延续的状

态，在这个时间延续的过程中，出现了由后面三个句子所描述的动作或心理状态。

此外，笔者还发现英语语篇管领词的管界方向与廖秋忠提供的语料稍有不同，在廖秋忠《篇章中的管界问题》一文中，我们发现所有管领词的管界方向都是线性后续管界，但在英语中，会出现线性向前管界的现象，如例（38）中的 found 和例（44）中的 in polite and learned ages，这也许是由于英汉两种语言在结构上的差异决定的。英语的结构相对松散，由很多小句构成句子成分，尤其是状语可以灵活放置，这种差异虽然会有语义上的差别，但不影响对句子的理解。

三、语篇管界与语篇结构

廖秋忠认为研究语篇管界有助于我们确定语篇的结构。如果从语篇全局来看，对语篇中所有的管领词进行考察，就会看出整个语篇的结构构成，这对语篇分析不能不说是一个很好的尝试。

第二节 语篇策略

一、语篇策略概述

（一）什么是语篇策略

语篇策略是一个重要的概念，最早由恩克维斯特提出。它是指语篇生产者在构建语篇时，根据交际目的所作的整体决策和选择。语篇策略是为了实现特定目的而对决策参数进行权衡的过程。简言之，语篇策略是作者根据语篇的目的或功能所采用的谋篇布局方法。它包括体裁、语篇类型、语篇模式、语篇策略连续体等。通过提炼语篇策略，读者可以逐步构建某一体裁的语篇策略图式，即形式图式，从而帮助读者在阅读过程中利用作者的图式来宏观、高效、准确地解读语篇。同时，这也为读者在创作某一体裁的语篇时提供了可借鉴的语篇组织模板，在阅读和写作过程中，形成良性循环，提高阅读和写作两种能力。

（二）语篇策略的类型

1. 体裁和类型

根据福勒的观点，体裁与语篇的交际目的密切相关。例如，小说、演讲、指南手册、儿歌、商业信函等都属于不同的体裁。而语篇类型则与语篇的内容或形式有关，可以分为说明类、描写类、叙述类、论辩类、评价类、说理类、指导类、程序类等。这两者之间存在紧密联系，某种体裁的语篇通常具有某种或几种典型的语篇类型。一般来说，小说属于描写或叙事性的语篇；说明书属于说明、指导、程序类的语篇；演讲属于说理类或论辩类的语篇；书评具有描写、叙事和评价性，但以评价性为主。

举例来说，《新编大学英语》第一册第六单元的主课文 *Consumer Behavior of Young people* 的体裁是市场调研报告，但同时具有说明、叙事、论辩、说理等语篇类型的特征，其中说明性最为突出。因此，可以将其归类为说明类的语篇，即说明文。而第九单元的主课文 *Transformative Travel* 则属于游记体裁，但同时具有叙述、说明、说理等语篇类型的特征。由于语篇的框架是通过叙述手段展现的，因此可以将其视为叙述文。

由于语篇的体裁与人们的日常生活、文化活动密切相关，且学生对语篇类型方面的知识早在大学之前就已基本了解，因此，教师只要稍加指导，学生对英文语篇体裁和类型的识别就会变得容易起来。

2.语篇模式

语篇模式是由语篇类型决定的,是对语篇进行分类的又一种方法。作为语篇的基本要素,语篇类型对语篇表层结构的形成具有制约作用,语篇模式就是这种制约作用的结果。语篇模式主要包括:问题—解决模式、提问—回答模式、主张—反主张模式、叙事模式、概括—具体模式。

(三)语篇策略连续体

作者根据交际的目的,以最大限度地获取有利于语篇接受者的语篇组织模式为目的,分析主位或主题一致性语篇建构的定位或倾向。连续体通过语言特征在语篇表层展现出来,它作为主位性语篇连接线索,纵向贯穿于语篇或语篇片段。连续体成分常出现于句子或小句的开头,体现句子的主题。连续体的类型大致有:时间连续体、空间连续体、人物连续体、主题连续体、行为连续体。

一般情况下,时间连续体和空间连续体都是通过句首或段首表示时间或方位的状语链来实现的。《大学英语》第四册第九单元 Journey West 描写了作者一家人在美国建国 200 周年之际,举家西游,追寻拓荒者的足迹,感怀先驱们的伟绩,领略西部山川之雄奇秀美,哀叹工业化对自然风物的侵袭。在总体介绍了西部之旅的背景、收获之后,作者开始描写具体的行程,以下为第六段至第十二段的首句或第二句中的地点、地点短语组成的状语链:

In the hilly farmlands of southern Wisconsin and Minnesota ... In South Dakota ... We saw two different wyoming, We crossed the first Wyoming ... The other Wyoming... The Big Horn canyons were incredible ... Ten Sleep—a small village ... We crossed the Continental Divide...

人物连续体指由作为主题项的人物、动物或被当作人物对待的事物的一连串指称构成的连续体,它经常通过语法上的主语或主题来实现,是叙事类语篇的基本特点。主题连续体则指由作为主题项的非人物、非动物项的一连串指称构成的连续体,它基本上是非叙事类语篇的连续体,常出现于说明类和论辩类的语篇中，在描写类和指导类的语篇中也多有使用。行为连续体与时间性篇章紧密相关：首先是因为语篇行为顺序常遵循实际行为顺序，即时间序列，又因连续行为间隔不长，即时间毗邻，行为连续体常常传达新信息。

（四）语篇策略分析对英语阅读教学的意义

辨识语篇策略是一项重要的宏观阅读技巧。目前，语篇阅读教学往往采用自下而上的微观分析方法，将文章分解为语言点进行教授，导致学生难以识别语法上的衔接和语义上的连贯，缺乏对语篇内容和形式框架的整体理解。相比之下，预测、略读、寻读、推测等阅读技巧被更多地用来处理语篇内的具体信息。相对而言，对语篇策略进行提炼和分析可以帮助学生更快速、更宏观地探索语篇的功能、目的、谋篇方式、布局特点和语言特色。这有助于学生掌握作者的谋篇布局规律，是发展自上而下教学方法的突破口，也是进一步理解语篇思想内涵的基础。通过长期对语篇策略的提炼，学生可以熟悉英语作者的思维特点和英语语篇的构建特点。他们可以在头脑中建立起某些体裁、类型、模式和连续体的图式，从而直接影响其他能力的培养和提高。因此，要求学生对结构明晰、组织完整的语篇进行语篇策略的提炼和分析，并鼓励学生将其运用到朗读、读写中，是一种事半功倍的好方法。

二、语篇分析模式

语篇是具有交际功能的句子或语段的组合。语篇分析包括对宏观和微观结构的研究。宏观结构主要研究文章的整体层次结构，而微观结构主要研究句子之间的关系，识别句子间的关系符号，并探讨一系列句子如何组成连贯的语篇。

语篇模式是一种研究语篇宏观结构的方法，它从语篇的形式和实际语义结构入手，对语篇进行分类。语篇模式是一种高层次的语义结构研究方法。许多国内外的语言学家都对英语语篇的结构和模式进行了研究。常见的语篇

模式如下:

(一)问题—解决模式

常出现于组织完整的科学论文、实验报告、新闻报道甚至文学语篇中。

例(51):

Most people like to take a camera with them when they travel abroad. But all airports nowadays have X-ray security screening and X-rays can damage film. One solution to this problem is to purchase a specially designed lead-line pouch. These are cheap and can protect film from all but strongest X-rays.

此例中前两句提出问题,后两句提供了解决问题的方式。在实际语篇中,这个序列可能会有所变化,或在顺序上有所调整。

(二)提问—回答模式

与问题—解决模式最大的不同之处在于,此种模式会在语篇的开头设置一个明显的、用提问方式表达的问题,语篇的发展主要是寻求对这一问题的满意答案。

例(52):

Why is it that when you study a language, you never learn the little phrases that let you slip into a culture without all your foreignness exposed?

此例选自《新编大学英语》第一册中的第三单元主课文 *Bridging Cultural Gaps Gracefully* 的第一句,文章围绕寻求问题的答案展开。

(三)主张—反主张模式

主张—反主张模式又称假设—真实模式。在这一模式中,作者先提出一种被大众普遍认可或被某些人认可的主张,也可以是假设的观点,然后进行澄清,说明自己的主张或观点,或提出反主张,说明真实情况。主张部分可包括内容、论据和争论,反主张部分包括论据和实例。此语篇模式是论辩类、说明类语篇中常见的典型模式。

《大学英语》第四册第二单元课文 *Deer And The Energy Cycle*，首段的前三句确定了此文的语篇模式为主张—反主张模式：Some people say that love makes the world go round. Others of a less romantic and more practical turn of mind say that it isn't love, it's money.（某些人的主张）But the truth is that it is energy that makes the world go round.（反主张，即真实情况）

此类语篇的标志词有：say、claim、show、indicate、find、review、assert、state、see、agree、dispute、accept、acknowledge、counterpose、view、evidence、in fact、in reality 等。

（四）叙述模式

叙述模式几乎在所有体裁的语篇或其片段中都出现过。根据拉波夫对谈话语料的总结，叙事模式包括六个成分：摘要、定位、叠合事件、评价、解决和结尾。摘要是叙事之始对要讲内容的简要概括；定位是对时间、地点、人物的确定；叠合事件指的是按一定时间序列排列的事件；评价指叙事者以直接或间接方式告诉读者或听者故事的可读性、可听性；解决指叙事者对情节、人物、事件等所作的评议；结尾是在故事世界和现实世界之间构建的一种联系。在 Labov 模式的基础上，希夫林得出了更适合书面语篇的 orientation—complicating—actions—evaluation—resolution 模式，其例子在教科书和日常阅读中随处可见。

（五）概括—具体模式

又称一般—特殊模式、综合—例证模式、预览—细节模式，或总说—分说模式。《新编大学英语》第二册第四单元的课文 *Study Habits* 是使用这一模式的典型：文章分六段，第　段末句的作用是点明主题，即学习者按学习习惯大致分为三种；第二、三、四段对三种学习者的表现和特点分别进行了详细的说明和描述；为了突出第三种学习者，作者专门在第五段对其展开进一步描写；第六段收尾。此模式体现在各段的主题句中，现将其归纳如下：

第一段主题句：There are basically three categories, the perpetual studier, the average studier, and the crammer.（概括）

第二段主题句：The perpetual studier is a rare breed indeed.（具体）

第三段主题句：The majority of students fall into a category that I refer as the average studier.（具体）

第四段主题句：The third type of studier is the crammer.（具体）

第五段主题句：The crammers are easily recognized in any class.（再具体，是对第四段主题的进一步扩展）

三、语篇分析模式与英语阅读教学

在实际语篇中，一种模式可独立出现，也可能与其他模式结合在一起构成更大的语篇，又可能互相交错和嵌入，因此一个提问—回答模式语篇可能包含概括—具体模式，也可能再包含主张—反主张模式，这些特征在下面的语篇例（53）中可以反映出来。

例（53）：

Atomic Cars

Every motorist dreams of a car of the future that does not have to be refueled every few hundred miles, a car that will cost little to run because there is no outlay on petrol.

"Of course," you hear it, said by an optimistic motorist, "the answer is the atom. Harness atomic power in a car, and you'll have no more worries about petrol. The thing will run for years without a refill."

And, theoretically, he is right. The answer is the atom. If atomic power could be used in a car, one small piece of uranium would keep the engine running for twenty or more years. Of course, this would cut the cost of running a car by quite a few hundred pounds, depending upon how much you spend on petrol.

But is this science-fiction like picture of the atom exploding peacefully beneath the bonnet of a car possible? In theory it is, since already the atom has been harnessed to drive submarines, and an atomic engine is already in existence. But the experts say, there are many problems still to be conquered before such an engine can in fact be fixed into a car.

Now what exactly are these problems that stand between you and a car that you will never have to refuel? Frankly, most of them can be summed up in one word — radiation. An atomic reactor, the kind of engine that would produce energy by atom-splitting, throws off radiation, extremely dangerous radiation. This radiation penetrates anything except the thickest concrete and lead, with fatal results for anybody in its path. Thus, at the moment any car carrying an atomic engine would also have to carry many tons of lead in order to prevent the radiation from escaping.

Since a car made up of tons of lead is rather impracticable, the only answer at the moment seems to be the discovery or invention of a metal that will be strong enough to hold in the rays, but at the same time light enough for a vehicle to carry with ease and economy. Most likely this metal would have to be synthetic, since no natural metal except lead has yet proved fit for the job. When this light metal is invented, the motoring world will be well on the way to an atomic are.

However, even after the invention of a protective but light metal, two other problems still remain, those of economics and safety. It is extremely doubtful whether at the beginning a really economic engine could be made, that is, one cheap enough to make it worth putting in a car. But it seems safe to say that eventually, as techniques and mass production come in atomic engines, the price will go down. This is basic economics, and manufacturers should eventually be able to produce something that will at least be cheaper than having to pay for petrol during the lifetime of a car.

But then this third problem still remains, that of safety. Suppose that there is a road accident involving one, or perhaps two, atomic cars, and that the atomic reactor or its protective covering were damaged. Any explosion would be equal to that of a very small atomic bomb, The effects of such an explosion would be felt for several miles around. As will be realized, this is perhaps the biggest problem of all to over come. Is it possible to make an atomic engine that will be really safe in every circumstance?

本文为问题—解决语篇模式。第一段提出问题，第二段为解决问题的方法，第三段为评价。

第四段是提问—回答模式，但同时包括了主张—反主张模式："In theory it is, since already the atom has been harnessed to drive submarines, and an atomic engine is already in existence. But the experts say, there are many problems still to be conquered before such an engine can in fact be fixed into a car."

第五段又是一个提问—回答模式，第1句为提出问题："Now what exactly are these problems that stand between you and a car that you will never have to refuel?"，第2、3、4句为回答，即这种会产生 extremely dangerous radiation，同时又和下一句构成了问题—解决模式。

第六段具体分析这种方法是否可行，其中第六段最后一句的后半句又是一个反主张："two other problems still remain, those of economics and safety."，同时也是概括—具体模式中的一般概述，第七段和第八段具体陈述这种车既不经济又不安全。

第八段又出现了一个概括—具体模式，一般概述为："But then this third problem still remains, that of safety."，第2、3、4句为具体陈述，第5句为评价，最后一句以提问形式结尾，实际上是一个设问句："It is impossible to make an atomic engine that will be really safe in every circumstance?"用来回答第一段中提出的问题。

总之，语篇策略的提炼是英语语篇阅读教学中不可或缺的环节。它能够培养学生的语篇意识，提高他们有效解读不同体裁语篇的能力，从根本上提高英语阅读能力。然而，在具体实施时，需要注意以下两个方面：

一方面，任课教师自身应该较好地掌握英语语篇策略知识，并深入了解英语作者的思维特点。如果课堂时间允许，可以对英语和汉语的相关语篇策略进行比较。

另一方面，语篇策略的提炼过程和方式应与其他教学环节相结合。可以在阅读前的引入阶段进行提炼，也可以在阅读后的归纳总结阶段进行。除此之外，也可以边提炼策略，边讲解文义和语言点。通过这样的方式，语篇的形式和内容既分离又相互依托，学生能够对语篇策略的功能有更深层次的认识。

第四章　英语语篇的形式

第一节　说明语篇

"说明"这个术语的字面意思是阐明一个主题，旨在通过理解来传达信息。与此类似，论辩也是通过理解来达到目的，但其目标不是阐明主题，而是让受话者相信某件事是真实的或值得的。描写和叙述也涉及理解，但它们特别关注的是想象力，其目的是使受话者能够直接重新创造物体或事件。

说明语篇是语篇构建中最常见的类型，因为它适用于任何与理解有关的语篇，例如对一个词的定义的理解，对一个历史事件发生原因的理解等。

在研究"说明"的各种方法时，我们并不是以任意的方式进行，而是按照我们日常对世界的观察和推理方式进行。我们是在系统地做一件日常生活中非常自然且无时无刻不在迫使我们去做的事情。

说明语篇可以看作是对问题的回答。如果有一个具体的问题，那么回答就比较容易组织，也不会离题。然而，如果只是感觉某个主题很重要，我们可能会构建出偏离主题、容易引起混淆的说明语篇。因此，在构建说明语篇时，必须确定我们感兴趣的具体问题。这个问题有助于我们将精力集中在主题的吸引力上，并主导我们的回答。

以下是说明语篇中读者可能会感兴趣的几种问题类型：

那是什么？

那意味着什么？

那是干什么的？

那是如何组合在一起的？

那是如何起作用的？

那本来是准备做什么的？

那怎么成了这个样子？

那是什么时候出现或存在的？

那对什么有好处？

那有什么重要性？

那任务的完成或目的的达成情况如何？

当然，并不是所有的问题都适用于同一个主题。例如，当我们对一个三角形进行定义时，我们不会问它是什么时候发生的，因为三角形的性质（什么使一个形状成为三角形而不是其他形状）与时间无关。当我们讨论一次铁路事故，我们通常不会问它是如何达成其目的的。然而，如果我们问它是如何发生或为什么发生的，那就是合适的。

乍一看，有些问题的答案似乎过于明显或不太重要，不能为我们讨论说明语篇提供基础。例如，"那是什么？""那是什么时候出现的？"这类问题通常只需要简单地回答。但是，如果我们用"那是什么"的问题来对一个复杂的概念如"民主"进行提问，我们可能需要写一本书；如果我们用"那是什么时候出现的"来对恐龙的存在进行提问，我们很可能需要对地质年代的测定方法进行详细的叙述。

一、问题和焦点

无论讨论的结果如何，我们通常会发现说明语篇涉及不止一个问题。其中，有一个主要问题代表着主要的兴趣点，但为了对该问题作出令人满意的回答，可能还需要提出和回答其他问题，因此涉及语篇的统一性和连贯性。

主要问题必须统领全局。可以将对主要问题的回答作为语篇的论点、主旨或中心思想。例如，一个历史学家在回答"为什么美国发生了革命"这个问题时，可能会提出一个论点：美国发生革命主要是经济方面的原因。他会以这个论点作为对该问题的回答，并可能着手写一本书，详细分析这一事件的背景。这个论点将主导整本书的内容。

上面提出的一系列问题不是包罗万象的，而是说明语篇可能会满足读者兴趣的主题方向，或者换一种说法，说明语篇可用来回答任何"东西"——一个想法、一样物体、一个事件，任何可能在我们脑子里出现的问题。

需要特别注意的是，不要认为这些问题就一定与某些具体的说明方法相配，虽然有时会出现这种情况。

这一系列问题将有助于我们对一个大的主题进行思考，并对它有一个明确的看法。以下试举一例来说明。

假如有一个男孩想写一篇关于"dog（狗）"的文章，他先提出了几个关于"dog"的问题：

"dog"是什么？

它怎么变成今天这个样子的？

它有什么用途？

当他准备写作时，他尝试将第一个问题作为题目，以动物的分类法作为语篇的基础。然而，他考虑到这样的题目可能太乏味。他又想到可以使用"人类最好的朋友"作为题目，但又转而认为这可能会更加令人乏味。于是，他转向了第二个问题，他认为自己在这方面已经读过不少书，也许他可以以"进化"为题写一篇文章，但他又意识到这样的语篇可能缺乏创新性。第三个问题给了他一些灵感，他决定以训练狗的各种方法为题，先列一个提纲。他最初写下的一些要点如下：

where start — name, come, stand, heel, sit, wait; time factor — when puppy — repetition — patience

当写到 patience 这个词时，他突然意识到单单列举训练狗的各种方法，同样会使语篇单调乏味，如果从训犬师的角度出发，兴许能使语篇质量有所提高。于是他按照这个思路继续写下去：

Patience — imagination — put self in dog's place — be fair — be consistent

此时他心中已有了明确的主题：一个好的训犬师所必须有的特点。他的大纲如下：

Ⅰ. Introduction

Ⅱ. Body

Sympathy — friendliness-start early to gain his confidence

Patience — dog learns only by repetition—not lose temper

Imagination — put self in dog's place

Consistency — signal always same — never change mind — firmness in demands

Fairness — most important — dog wants appreciation most of all — not bribery — irrational punishment — never lose temper

Ⅲ. Conclusion: Training brings out best in dog

下面就是这个男孩根据以上提纲构建的语篇：

Training a Dog

I have always liked dogs, this comes naturall to me, as my mother is a breeder and showerer of poodles. She is a real nut about dogs, not only her poodles, but any kind of dogs. We always have half a dozen or so around the house, and my mother and I like nothing better than talking about dogs, or reading about them, or going to dog shows. Dogs are a fascinating subject to us. One of the most fascinating things is to raise and train a dog. You really feel, then, it is yours.

For the best results you have to start to train a cog young. I always feel, as a matter of fact, that you ought to start when the dog is only a puppy. It is true that the puppy can't learn but you set up some kind of confidence, and the puppy gets to recognize and like you. This makes things easier later.

To train a dog you need several qualities. You must be patient. You must put yourself in the dog's place. You must be consistent. You must be fair.

A dog can learn only by repetition. It is boring tor a human being to go over and over the same simple thing, but you have to realize that this boredom is the price you pay for a good dog. You have to be patient and never let your boredom show. And you must never lose your temper.

This leads to the second thing, putting yourself in the dog's place. You have to sympathize with him. If you do, you will feel how hard it is for the animal to understand your wishes and how dependent he is on you.

It is obvious why you have to be consistent. The dog understands you only when your word or signal is exactly the same as before. If you are inconsistent, he gets confused. For the same reason you must never change your mind. Once you give an order, stick to it, even if it was a bad order. Your word must be law, or you are wasting your breath.

Fairness is important always, but especially in training. You have to show the dog that you appreciate him, and once he gets this point, he wants nothing more than to please you. There is no use bribing a dog to obey. You have to make him want to please you, and the only way is by fairness. As for punishment, there is no use in punishing the dog if he doesn't know why he is being punished. You should always punish him immediately after the misbehavior, and always use the same punishment for the same kind of misbehavior. But don't lose temper.

Training brings out the best in a dog and is worth all the time it takes. But my mother says something else in addition. She says that when you train a dog you are training yourself, too. My mother says that you cannot learn too much patience and sympathy, consistency and fair play, and so you ought always to be training a dog just to learn to control yourself.

语篇中有重复的地方，措辞偶尔也有些模糊，最后一段的结构层次也不太清晰。然而，总体而言，语篇的作者找到了真正的主题，使语篇具有了统一性。语篇的正文部分条理清晰，具有连贯性。此外，语篇的结论也很不错，给人一种新奇感。

如上所述，语篇的作者找到了一个侧重点，并以此为主线贯穿整个语篇。这个侧重点最终使作者提出了自己的论点：训练狗从根本上来说也是磨炼自己性格的一种方法。

一个主要的问题可以给语篇的作者提供主题。然而，在同一个语篇中，尤其是在一个很长的语篇中，读者可能会有不止一个问题。作者必须注意将各种问题区分清楚，并在语篇的不同阶段对不同问题展开论述。此外，作者还必须确保其他的问题与语篇的主要问题有联系，并处于从属的地位。最重要的是，作者必须确保主要问题主导整个语篇，并贯穿始终。

二、说明的方法

我们可以使用多种方法来进行说明，包括比较和对比、列举、分类、定义和分析等。这些方法可以用来回答问题，但并不是每个问题都适用于所有方法。有时候，我们需要结合几种方法来回答一个问题。

在各种语篇中，比如社论、小品文、教科书的章节，通常会使用多种方法，很少只使用一种方法。为了更好地理解每种方法的特点，我们可以对它们进行分类研究。

（一）比较和对比

当人类遇到陌生的事物时，往往会本能地将其与熟悉的事物进行比较，以了解它们在哪些方面相似或不同。这种比较是人类对世界进行分类的一种简单而基本的方法。

比较和对比的方法在思维和表达中非常有用，如果将其系统化，可以帮助我们更有效地进行思考和交流。为此，我们需要了解比较和对比可以达到的不同目的。

首先,当我们想向听众提供关于某个事物的信息时,我们可以将其与听众熟悉的另一个事物进行比较。例如,如果英国人想向美国人解释英国的议会,他们可以将其与美国人熟悉的美国国会进行比较。

其次,当我们想提供关于两个事物的信息时,我们可以将它们与适用于这两个事物的某个总原则进行比较,而这个总原则又为听众所熟悉。例如,当我们对读者不熟悉的两本小说进行评论时,我们可以使用读者熟悉的小说原理来比较或对比这两本小说。

最后,我们可以将听众熟悉的事物与某个总原则或总观点进行比较和对比,以提供相关信息。

在这个过程中,我们必然会使用比较和对比的方法,从我们举的例子出发,对这些例子所属的范畴进行总体描述。

为了使比较和对比的范畴更加系统化,必须确保比较和对比的成分属于同一范畴,并具有该范畴的特点。换句话说,它们必须具有某个范畴的共同特征。例如,动物学家可以有效地比较或对比鹰和蛇,因为他们可以将鹰和蛇放在对人类有益的生物范畴内进行比较。工程师可以将鹰和飞机放在能够飞行的事物范畴内进行有效的比较,但他无法将飞机和蛇放在一起进行比较。

与比较类似,对比也只有在事物之间存在共同点时才有意义,它们必须属于同一有意义的范畴,并且这个范畴与对比的目的相关。例如,不能将蟑螂与道德高尚的人进行对比,因为蟑螂不属于具有道德的生物范畴。

当进行广泛的比较或对比时,可以使用四种形式来提出比较项和对比项。

第一种形式是先充分提出第一项,然后再充分提出第二项,并在过程中不断讨论它们的相同或不同之处。这种形式通常适用于异同点较多和较明显的情况。

第二种形式是先提出第一项的一部分,然后提出第二项中相应的一部分,依此类推,直到提出所有相关的项。这种形式比第一种形式更适用于异同点较多的情况。

第三种形式是先充分提出第一项，然后在提出第二项时，逐步与第一项进行比较或对比。

第四种形式是将以上三种形式混合运用。

（二）列举

就像使用比较和对比一样，人类使用列举也是出于本能，但是在列举时，大脑的活动有所不同。比较和列举都涉及利用范畴和具体项进行思考，但是它们与范畴和具体项之间的关系不同。比较和对比是在某个意义范畴中的两项或更多项之间进行比照，而列举是用某个具体项来阐释这个具体项所属范畴的性质。

例（54）：

If anyone wants to exemplify the meaning of the word "fish", he cannot choose a better animal than a herring. The body, tapering to each end, is covered with thin, flexible scales, which are very easily rubbed off. The taper head, with its underhung jaw, is smooth and scaleless on the top ; the large eye is partly covered by two folds of transparent skin, like eyelids—only immovable and with the slit between them vertical instead of horizontal; the cleft behind the gillcover is very wide and when the cover is raised, the large red gills which lie underneath it are freely exposed. The rounded back bears the single moderately long dorsal fin about its middle.

虽然列举的主要目的是说明，但是在列举的过程中也可能使用其他的语篇策略。比如，上例中就使用了描写。在下面的例（55）中，叙述是其基本的方法，但是必须指出，叙述的成分明显从属于语篇的主要目的——说明。

A good neighbor, as the term was understood in the days when as a little girl I lived on a farm in Southern Michigan, meant all that nowadays is combined in corner store, telephone, daily newspaper and radio. But your neighbor was also your conscience. You had to behave yourself on account of what the neighbor would think. A good neighbor knew everything there was to know about you and liked you anyway. He never let you down as long as you deserved his good opinion. Even when you failed in that, if you were in trouble he would come to your rescue. If one of the family was taken sick in the night, you ran over to the neighbor's to get someone to sit up until the doctor arrived. Only instead of sending for the doctor, you went for him. Or one of the neighbors did.

The Bouldrys were that kind of neighbors. Lem Bouldry was a good farmer and a good provider. Mis' Bouldry kept a hired girl and Lem had two men the year round. They even had a piano while the most the other neighbors boasted was an organ or a melodeon. Mis' Bouldry changed her dress every afternoon (my mother did too; she said she thought more of herself when she did), and they kept the front yard mowed.

But the Covells were just the opposite — the most shiftless family the Lord ever let set foot on land. How they got along my father said he didn't know, unless it was by the grace of God. Covell himself was ten years younger than my father, yet everybody called him "Old Covell". His face and hands were like sole leather and if his hair had even been washed, it was only when he got caught in a rainstorm. Father said Old Covell would borrow the shirt off your back, then bring it around to have it mended. Mother said, well, one thing certain, he wouldn't bring around to be washed.

Yet the time Mis' Covell almost died with her last baby — and the baby did die — Mis' Bouldry took care of her; took care of the rest of the children too — four of them. She stayed right there in the Covell house, just going home to catch a little sleep now and then. She had to do that, tor there wasn't so much as an extra sheet in the house, much less an extra bed. And Mis' Bouldry wasn't afraid to use her hands even if she did keep a hired girl — she did all the Covells' washing herself.

But even Old Covell, despite his shiftlessness, was a good neighbor in one way; he was a master hand at laying aut the dead. Of course, he wasn't worth a cent to sit up with the sick, for it was Surmer he'd go autside to smoke his pipe and sleep: and if it was Winter he'd go into the kitchen and stick his feet in the ovento warm them and go to sleep there. But a dead man soemed to rouse sorme kind of pride and responsibility in him. There was no real undertaker nearer than ten miles, and often the roads were impassable. Folks sent for my mother when a child or wornan died, but Old Covell handled all the men. Thaugh he never wore a necktie himself, he kept hand asupply of celluloid collars and little black bow ties for the dead. When he had a body to lay out, he'd call for the deceased's best pants and object strenuously if he found a hole in the socks. Next, he'd polish the boots and put on a white shirt, and fasten one of his black ties to the collar button. All in all, he would do a masterly job.

Of course, nobody paid Old Covell for this. Nobody ever thought of paying for just being neighborly If anybody had offered to, they'd have been snubbed for fair. It was just the way everybody did in those half-forgotten times.

（三）分类

虽然分类也与范畴及具体项之间的联系有关，但它主要是与范畴的体系有关，这个体系从包括最少的范畴一直到包括最多的范畴。当我们把一个具体项放在一个体系的某一个范畴中的时候，就能立即明白它与这个体系各部分之间的联系。分类是组织知识的一种基本方式，是一种归档的体系，也是获得新知识的一种方法。

范畴不是范畴内所有项的简单相加，而是一种表示特点的概念，即范畴内的具体项必须都具有这一范畴的特点。如想到"猫"的范畴时，我们不是想到各种猫的排列，而是想到一种生物被称为"猫"而必须具有的特点。猫之所以被称为猫，是因为它具有猫的特点。猫的特点是猫的范畴的定义。

用术语来说，范畴是由范畴内所有具体项共同具有的重要特点决定的。

是什么构成了一个范畴的重要特点？这因分类者的兴趣而异。比如，化妆品制造商可能根据皮肤把女性分成各种范畴；大学的教务主任和健身房教练会根据不同的分类体系，把同一批学生分成不同的范畴，前者会根据学习成绩，而后者会根据体育能力。

相同的项可以根据不同的兴趣进行分类，分类者又可以选择分类的基础，但必须指出，分类不是随心所欲的。

分类法本身很少有直接的作用，但是它往往具有巨大的间接作用，因为它以高度严密和精确的形式体现了分类的原则,如果我们掌握了分类法所体现的原则,就可以用它来达成我们特殊的目的。分类法在语篇构建中还有一个作用,那就是把某个具体项放在范畴中使其成为主要论述的内容。

在许多情况下,分类法适用于增强对某一个主题的理解,但是这种理解只是为构建一个说明语篇做准备。简单地说,分类并不是对问题的讨论,然而,分类可以起到提纲的作用,并时常能规定讨论的结构。比如,一篇关于失望和冲突的反应类的心理学论文,可以先对反应的种类进行分类,这将成为文章的大纲。

分类法有三个既有区别又有联系的目的:起到铺垫的作用、规定结构、有助于主题的表达。

简单的分类法是一种把每一组项分成肯定的和否定的方法,即分成有某种特点和没有某种特点的两分法。复杂的分类法不是简单的两分法,而是把所有可区分的项都具体地说清楚。

(四)定义

对大多数人来说,"定义"这个术语会让人想到词典,因为人们往往靠查词典来了解那些不熟悉的词的意思。英语中的"definition(定义)"这个术语,原本是来自拉丁语 de 和 finite,表示"规定一个限度"。这也是词典的功能所在:确定界限,圈定一个词的意思。通常,词典的定义讲究简洁、符合逻辑和规范。

逻辑定义根据其性质具有两个部分,以 piano 为例,该词的词典定义为:"A stringed percussion instrument having steel wire springs that sound when struck by felt-covered hammers operated from a keyboard."

逻辑定义的第一部分是它的范畴,由那些具有相似性或共同特点能合在一起的成分组成,在上面的例子中,范畴是 a stringed percussion instrument。

第二部分是它的种类,即那些把它和同一范畴其他成分区分开来的特点,在上面的例子中,钢琴所具有的特点,即 having steel wire springs that sound when struck by felt. covered hammers operated from a keyboard 把钢琴和其他弦乐器区别开来。

在下逻辑定义时，应避免三种错误。其一，一个定义不应该兜圈子。换言之，种类不应该包括被定义的词，如 "A stoic is an advocate of stoicism." 就是这类错误。其二，一个定义中的范畴不应该太小，否则无法包括被定义的事物。如果 poem（诗）的定义是 "Two or more rhymed lines written to express an idea, mood, or emotion."，那么其范畴就太局限了，因为它无法包括无韵诗和其他不押韵的诗。其三，范畴也不应该太大，否则作用不大。如果 automobile（汽车）被定义为 a means of transportation，那么它的定义会因范畴太大而失去意义。

然而，对于说明语篇来说，简洁的逻辑定义的作用是有限的，而扩大的定义却有较大的作用。

扩大的定义有时需要依靠特殊的说明技巧。假如要对 civil rights（民权）下定义的话，方法之一是提供这一术语的背景，也就是论述民权运动的起源及其各种发展方向。方法之二是列举被定义术语的各种成分，也可能会选出其中的一种作进一步说明。使用后一种方法，就可以把民权运动分成政治、社会和性别的范畴。还有一种方法是通过否定法来下定义，通过说明民权不是什么来阐释这一术语。

但是，下定义最普通的方法，也许是那些最基本的说明方法——列举、比较和对比、过程、因果和分类。比较也是常用于定义的一种方法，下面例（56）通过对 radar（雷达）和 the eye（人眼）的比较和对比，较清楚地解释了 radar。

例（56）：

Radar is an electronic device that is used for the detection and location of objects. It operates by transmitting a particular type of wave-form, a pulse-modulated sine wave for example, and detects the nature of the echo signal. Radar is used to extend the capability of man's senses for observing his environment, especially the sense of vision. The value of radar lies not in being a substitute for the eye, but in doing what the eye cannot do. Radar cannot resolve detail as well as the eye, nor is it yet capable of recognizing the "color" of objects to the degree of sophistication of which the eye is capable. However, radar can be designed to see through those conditions impervious to normal human vision, such as darkness, haze, fog, rain, and snow. In addition, radar has the advantage of being able to measure the distance or range to the object. This is probably its most important attribute.

（五）分析法

分析法是一种将物体或概念分解为组成部分的方法，适用于任何可以被认为具有成分的事物。我们可以分析具体的事物，如狗、房子、树、画作；我们可以分析无法触摸的事物，如人的性格和思想；我们可以分析组织，如教堂或公司；我们可以分析过程或事件，如烤面包的过程或法国革命。

范畴可以说是包含该范畴内所有事物的集合，但通常认为范畴与其具体事物之间没有结构上的联系，具体事物只是范畴的例子。

当一个事物或概念的成分被组织起来，并在决定结构性质方面相互支持时，该事物或概念就具有了可分析的结构。例如，一堵砖墙是一个结构，因为砖与砖之间的相互支持是必不可少的，没有这种支持就没有砖墙。然而，范畴不具备这种特点，它代表了一组具有共同特点的事物，但范畴的某个具体事物或一组具体事物并不是范畴存在所必不可少的。我们可以销毁一本书或一百万本书，但对于作为范畴的"书"来说，它不会受到任何损坏。然而，我们无法从墙上敲下许多砖块而不破坏砖墙，无法从一出戏中删除一幕而不影响故事情节，或者从一场辩论中去掉一个逻辑步骤而不破坏辩论的逻辑性。如果这样做，我们就是在破坏结构。

分析必须按照分析对象的结构原则展开。当一个小男孩用锤子敲打一个闹钟时，无论他敲下多少个部件，他并不是在分析闹钟的机械结构。即使他使用螺丝刀仔细拆开闹钟，他也不是在进行分析，除非他理解闹钟各部件之间的联系。

分析方法代表了分析者的理性兴趣,因此分析必须按照一定的方法进行,使用的方法取决于结构的性质。

根据不同的兴趣和角度,同一个物体可以具有多种结构。例如,植物学家会将苹果视为植物结构,并将其分解为茎、皮、肉、籽等组成部分;而化学家则会将其视为化学结构,并将其分解为一些元素;画家则会将其视为美学结构,并将其分解为形状和颜色的模式。每个人根据自己的具体兴趣进行分析,不同的兴趣决定了某个事物代表的不同结构类型,而这种结构类型进一步决定了什么可以成为结构的组成部分。

第二节　劝说语篇

英语中的论辩和劝说通常是结合在一起的,它们之间的联系非常紧密。然而,除非我们能够严格区分它们,否则我们无法真正理解这种联系。严格来说,论辩的目的是追求真理,而劝说的目的是使被劝说者认同劝说者。

论辩和劝说在目的上的这种区别非常关键。然而,为了真正理解这种区别,我们必须意识到另一个区别:实现论辩的目的只有一种方法,即通过逻辑推理;而实现劝说的目的可以有多种方法,有时可以单独使用,但通常是结合在一起使用的。亚里士多德在《修辞学》中提出了劝说的三种方法:第一种是依靠劝说者的性格和可信度,第二种是依靠劝说者激发被劝说者情感的能力,第三种是依靠"真理或表面上是真理"的证据。

一、劝说与同一

在劝说中，"同一"论辩和劝说在目的上的不同，暗示了情景的不同。论辩产生于怀疑的情景中，通常涉及某种形式的冲突。在论辩中存在冲突时，只有同意接受论理才能解决冲突。相反，在劝说中，劝说者认真地寻求从萌芽的情景中解决冲突，如果存在怀疑，劝说者认为双方必须共同努力来消除这种怀疑。劝说者认为，他与被劝说者在观点上的不同只是一种误解，而这种误解可以通过友好的沟通来消除，因为双方具有基本相同的立场。

换句话说，劝说者试图达到的是与被劝说者共同具有的最广泛基础。正如肯尼斯·伯克在《动机语法》中所言："只有当你与另一个人说同样的话，做同样的手势，具有同样的声调和语序，使用同样的意念、态度和观点，将你的方式与他的方式'同一'起来，你才能使他接受劝说。"劝说的目标是实现"同一"，而不是制造冲突。

"同一"是劝说的基本准备，是劝说的第一步，通过情感、逻辑或是这些特点的某种结合来实现。需要注意的是，有时这种"同一"无法通过随意的交谈或一次性的劝说努力来实现。人们有可能改变根深蒂固的观念，但这不是劝说的结果，很可能是由于某种特殊的或关键的经历，或者长期的自我反思。换句话说，在互不相信的人之间建立"同一"的共同基础可能并不容易。

（一）"同一"的基础：对受话者的了解

"同一"的基础是对听众对象的了解。显而易见，如果劝说者缺乏对受话者的了解，就无法达到"同一"的目的。从亚里士多德的《修辞学》开始，劝说理论研究者一直试图根据听众对象的分类来确定基本的诉诸方法。除了亚里士多德根据年龄采取的心理分析法外，还有许多其他理论研究者提出了新的分类方法。他们将听众分类法与出版、广告、公关和政治等领域紧密联系在一起，以提升劝说的效果。任何劝说者都会本能地对受话者进行分类，劝说的顺利与否与其是否了解受话者密切相关，这一原则需要特别重视。

（二）"同一"和劝说者的人品

亚里士多德将劝说的第一种诉诸方式放在劝说者的性格和可信度上。劝说者在演讲之前可能已经建立了一种影响力，使听众预先准备好是否接受他。然而，还有一种直接的影响，即劝说者在台上、电视荧屏上或书中展现的性格特点。如果劝说者的性格特点无法被人接受，"同一"就难以或无法实现。缺乏自信的人不要期望获得信任，自我陶醉的人不要期望获得羡慕，不尊重他人的人不要期望获得尊重，头脑不清晰的人不要期望控制他人的思想。

（三）"同一"中的逻辑与心理

在劝说中，劝说者的行动以及被劝说者的赞同行动都是心理上的活动。它们涉及整个人，而不仅仅是客观、逻辑的思维。从劝说者展示自己的"同一"行动开始，直到经过被劝说者的赞同行动结束。

在劝说和赞同行动之间会发生有趣而复杂的心理事件，这是一种矛盾的转化过程：通过"同一"，劝说者表面上将自己的意愿传递给了被劝说者，但在"同一"的过程中，劝说者实际上抓住了被劝说者的意愿。换句话说，劝说者通过满足被劝说者的欲望来达到劝说目的。被劝说者似乎在满足自己欲望的过程中出卖了自己的意愿。

在有效的广告中，也存在这种情况：广告进入被劝说者的意识，让被劝说者意识到隐藏的欲望，使其隐藏的欲望变得可尊重、可接受或可赞美。例如，豪华轿车的广告暗示被劝说者有权利拥有它，尽管被劝说者实际上没有购买的能力。

当劝说者的对象是一群人而不是个体时，会出现一种心理特点。当个人融入一群人中时，往往会失去一些个性，但却感到心安理得。劝说者促成了这个过程，认为只要一个人放弃自己的特点，他就越来越可能服从劝说者。

对一群人进行劝说可能与我们用劝说构建语篇之间的联系不是非常紧密，但这种劝说对个人看问题时有很大的影响。例如，一份大学学报上的社论建议时尚的学生应该遵循某种行为规范；如果一些学生认同社论的观点，他们就接受了这种劝说，反之，他们想成为时尚学生中的一员。

总之，劝说以心理为基础，通过劝说者的"同一"行动和被劝说者的赞同行动来实现。这些行动涉及整个人的心理，而不仅仅是逻辑思维。劝说者通过满足被劝说者的欲望来达到目的，而被劝说者在满足自己欲望的过程中放弃了自己的意愿。劝说也可以影响一群人，使个人放弃一些个性，以融入群体中。

二、劝说与感情

劝说的另一种方法是诉诸感情。演讲大师西塞罗指出，劝说者必须了解所有的感情，因为劝说者的演讲力量和艺术必须用来减轻或激起听众的情感。宣传家、政治家、广告专家和诗人都在运用这种方法。这表明了劝说与论辩的根本区别。然而，我们要问的是：如果获得对方的赞同是劝说者想要达到的目的，那么仅仅激起情感又如何能够实现这个目的呢？

问题的答案在于一个早已被发现的事实：无论情感是如何被激起的，它总是在寻求一个理由和一个目标。一个脾气暴躁的人一生中都在为自己的坏脾气寻找借口。同样，一个有爱心的人也在寻找自己的理由和目标。此外，激起情感会使人容易受到挑衅，因此劝说者在激起情感后，会为适应他的目的而确定内容，而这种内容决定了他想要引发的行动。感情总是在寻求实现自己目标的方式。

激起情感来进行劝说通常通过使用具有倾向性或含蓄意味的词语来实现。例如，在评述一位政治家时，支持他的报纸可能会称他为"政治家"或"忠诚的公仆"，而反对派的报纸可能会说他是"政治仆从"。这里明显运用了不同词语所具有的不同内涵。使用词语的内涵是决定话语语气的一种方法，而语气是劝说中最重要的元素之一。

通过劝说的方法，可以"偷偷地引入情感"并控制态度，这对于诗歌尤其重要。使用比喻也有助于激起情感。例如，约翰·伦多夫这位政治家在侮辱爱德华·利文斯顿时，将他比喻为"具有光辉才能的人，但却彻头彻尾地腐败了，就像月光下变质的鲭鱼一样，一边发出亮光一边散发臭气"。这番侮辱之辞将才华出众的利文斯顿变成了一种负面形象。在这个比喻中，才华出众反而成了腐败的标志，而腐烂时发出的臭气反而使其更加引人注目。伦多夫使用了 moonlight 一词，来暗示变质的鱼在月光下看上去不会那么光亮，以此暗讽利文斯顿，从而激起人们对利文斯顿的鄙视之情。

综上所述，使用带有感情色彩的词语有助于实现劝说的目的。下例（57）表明，一个精于选字组词、善于雕琢文字的人是很容易激起听众情感。

例（57）：

It is now sixteen or seventeen years since I saw the queen of France, then the dauphiness, at Versailles; and surely never lighted on this orb, which she hardly seemed to touch, a more delightful vision. I saw her just above the horizon, decorating and cheering the elevated sphere she just began to move in — glittering like the morning-star, full of life, and splendor, and joy. Oh! what a revolution! And what a heart must I have, to contemplate without emotion that elevation and that fall! Little did I dream when she added titles of veneration to those of enthusiastic, distant, respectful love, that she should ever be obliged to carry the sharp antidote against disgrace concealed in that bosom; little did I dream that I should havelived to see such disasters fallen upon her in a nation of gallant men, in a nation of men of honour and cavaliers. I thought ten thousand swords must have leaped from their scabbards to avenge even a book that threatened her with insult. But the age of chivalry is gone. That of sophisters, economists , and calculators, has succeeded; and the glory of Europe is extinguished forever. Never, never more, shall we behold that generous loyalty to rank and sex, that proud submission, that dignified obedience, that subordination of the heart, which kept alive, even in servitude itself, the spirit of an exalted freedom. The unbought grace of life, the cheap defence of nations, the nurse of manly sentiment and heroic enterprise is gone! It is gone, that sensibility of principle, that chastity of honour, which felt a stain like a wound , which inspired courage whilst it mitigated ferocity , which ennobled whatever it touched, and under which vice itself lost half its evil, by losing all its grossness.

注意在例（57）中，爱德蒙·伯克使用了韵律，并运用了一系列表示尊称的词语（如 title of Veneration、men of honour、gallant men、age of chivalry、generous loyalty、proud submission、dignified obedience、chastity of honour），试图激起受话者对女王的情感。

三、劝说与推理

诉诸推理是劝说的第三种方法。劝说与推理之间的关系有两种形式。第一种形式是劝说者诉诸推理，只是为了引出论辩或提出作为论辩基础的事实。在这种情况下，劝说者试图引起听众的充分注意，相信逻辑推理的力量（或事实）会通过逻辑过程达到预期的赞同效果。第二种形式是在论辩或事实提出后，劝说者使用劝说手段将逻辑信念转化为情感赞同。例如，丘吉尔在敦刻尔克战役之后发表的演讲就是这种形式。整篇演讲的调子并不高，重点也不在于论辩，而是在对形势的解释上，但演讲的结尾却充满力量，突然爆发出的情感好像是对解释中隐含问题的回答：在如此危急的时刻，我们应该如何行动？

例（58）：

I have, myself, full of confidence that if all do their duty, if nothing is neglected, and if the best arrangements are made, as they are being made, we shall prove ourselves once again able to defend our island home, to ride out the storm of war, and to outlive the menace of tyranny, if necessary for years, if necessary alone. At any rate, that is what we are going to do. That is the resolve of His Majesty's Government, every man of them. That is the will of Parliament and the nation. The British Empire and the French Republic, linked together in their cause and their need, will defend to the death their native soil, aiding each other like good comrades to the utmost of their strength.

Even though large tracts of Europe and many old and famous States have fallen or may tall into the grip of the Gestapo and all the odious apparatus of Nazi rule, we shall not flag or fail.

We shall go on to the end. We shall fight in France , we shall fight on the seas and the oceans , we shall fight with growing confidence and growing strength in the air, we shall defend our island, whatever the cost may be. We shall fight on the beaches , we shall fight on the landing grounds, we shall fight in the fields and in the streets, we shall fight in the hills, we shall never surrender, and even if, which I do not for a moment believe, this island or a large part of it were subjugated and starving, then our Empire beyond the seas, armed and guarded by the British Fleet, would carry on the struggle, until, in God's good time, the New World, with all its power and might, steps forth to the rescue and the liberation of the old.

劝说者使用推理的目的并不是为了进行全面的论辩，而是为了获得听众的赞同。劝说往往集中在一两个要点上，而不涉及整个问题，并且很少提供详细的逻辑细节，因为这可能偏离劝说试图激起情感的目的。劝说者必须选择要论证的要点，并以清晰而全面的方式提出，以避免过度论辩而失去听众的支持。

有两种劝说策略。第一种策略具有严格的逻辑步骤要求，劝说者不对所有的争论点进行论辩，而是选择一两个要点进行有说服力的论证，以使听众忘记还有其他需要论辩的问题。第二种策略是选择一个非争论点的问题作为要点，并对其进行证明，以此暗示这是唯一的争论点。在这种策略中，劝说者使用逻辑作为幌子来掩盖真正的争论点。

总之，劝说与推理之间的关系可以有不同的形式，但劝说的目的是获得听众的赞同，而不是进行全面的论辩。劝说者选择要论证的要点，并使用适当的推理手段来实现其目的。

然而，必须记住，某些场合正是由于其性质允许使用逻辑作为参照，在这些场合，使用逻辑就成了合法的。观察林肯在葛底斯堡的演讲，即例（59）是如何使用这一策略的：

例（59）：

Four score and seven years ago our fathers brought forth on this continent, a new nation, conceived in liberty, and dedicated to the proposition that all men are created equal. Now we are engaged in a great civil war, testing whether that nation, or any nation so conceived, and so dedicated, can long endure. We are met on a great battlefield of that war. We have come to dedicate a portion of that field, as a final resting place for those who here gave their lives that that nation might live. It is altogether fitting and proper that we should do this. But, in a larger sense, we cannot dedicate, we cannot consecrate, we cannot hallow this ground. The brave men, living and dead, who struggled here, have consecrated it, far above our poor power to add or detract.The world will little note nor long remember what we say here, but it can never forget what they did here. It is for us the living, rather to be dedicated here to the unfinished work which they who fought here have thus far so nobly advanced. It is rather for us to be here dedicated to the great task remaining before us, that from these honoured dead we take increased devotion to that cause for which they gave the last full measure of devotion, that this nation,under God, shall have a new birth of freedom, and that government of the people, by the people, for the people, shall not perish from the earth.

在这篇演讲中，Arnold（阿诺德）对使用词语 proposition 存在不同的观点。他认为，在纪念牺牲士兵的场合，使用这个严肃、事实性的术语破坏了演讲的氛围。然而，华伦和布鲁克斯认为，在这个场合使用这个词是合适且有力的。在这样一个场合中，没有哪个演讲可以逐步对战争的各种问题进行论辩。事实上，林肯只能通过暗示来表达自己的要点，因为他的目的是激起民众带有某种感情色彩的态度。然而，proposition 这个词属于论辩、辩论和逻辑的领域，它悄悄地将与这个词相关的严密性和精确感带入了演讲中。使用这个词的目的是表达："我们没有时间在这里争论战争的整个意义，但是我要提醒你们注意，它已经被证实了，因此现在我们要讨论的是，按照那个意义，我们应该采取什么态度。"这个词的目的是为劝说提供一种逻辑的假象，更准确地说，是一种逻辑的指向。这种效果在第二句话中的 testing 一词中得到了延续，这表明甚至战争本身也可以看作是一个比喻，至少可以是逻辑过程中的最后阶段。

第三节　描写语篇

描写语篇与我们感官上对世界的印象密切相关，它展现了物体、人物、环境和行动的特性，旨在唤起观察者的想象力。这种描写被称为联想性描写。英语中还存在另一种描写方式，被称为说明性描写，但实际上它更像是一种解释。这两种描写的区别主要在于使用的场合不同。说明性描写的目的是让受众从所描绘的事物中获取信息，而联想性描写则要求受众产生感官上的联想。说明性描写从根本上来说是解释性的，因为它试图加深受众对语篇的理解，而联想性描写则试图使人们通过想象而对某种事物有所体验，这也是后者被称为联想性描写的原因。说明性描写倾向于列举，而联想性描写则更注重选择性和印象的产生。此外，说明性描写多用于对一类事物进行分析，而不是对具体事物的性质进行描述。

一、说明性描写与联想性描写

说明性描写和联想性描写的动机区别类似于科学家和艺术家之间的动机区别。科学家的动机在于引起人们对世界及其解释的兴趣,他们关注的是自然界的总体规律。艺术家则通过对世界的直接体验来激发兴趣,他们关注的是具体的经历和事物。当然,这并不意味着科学家不关注总体经历和事物,但他们在描写时更倾向于从个别事物入手。

然而,我们不应认为说明性描写仅适用于科学作品,联想性描写仅适用于艺术作品。说明性描写可以根据情景的需要出现在书信、散文、历史书籍和广告等各种文本中。同样,联想性描写也可以出现在任何需要产生直接感受和生动形象的文字中。有时候,两种描写方式甚至可以在同一部小说或同一个广告中同时出现。

如例（60）：

The drover waved his staff and scrabbled away over the rocks like a thing name. Holme sat for a while and then rose and followed along the ridge toward the gap where the hogs were crossing.

The gap was narrow and when he got to it he could see the hogs welled up in a clamorous and screeching flume that fanned again on the far side in a high meadow skirting the bluff of the river. They were wheeling faster and wider out along the sheer rim of the bluff on an arc of dusty uproar and he could hear the drovers below him calling and he could see the dead gray serpentine of the river below that. Hogs were pouring through the gap and building against the ones in the meadow until these began to buckle at the edges. Holme saw two of them pitch screaming in stiff legged pirouettes a hundred feet into the river. He moved down the slope toward the bluff and the road that went along it. Drovers were racing brokenly across the milling hogs with staves aloft, stumbling and falling among them, making for the outer perimeter to head them from the cliff. This swept a new wave of panic among the hogs like wind through grass until a whole echelon of them careening up the outer flank forsook the land and faired into space with torn cries. Now the entire herd had begun to wheel wider and faster along the bluff and the outermost ranks swung centrifugally over the escarpment row on row wailing and squealing and abovethishowls and curses of thedrovers thatnow upreared inthemoil of flesh.

They tended and swept with dust had begun to assume satanic looks with their staves and wild eyes if they were no truer swineherds but disciples of darkness got among these charges to herd them to their doom.

二、联想性描写与感官

联想性描写涉及我们的感官对世界的印象。例如，我们可以描述苹果是红色的、麻是粗糙的、百合花是香的，但这些只是简单的描写，无法让我们形象地了解苹果、麻或百合花。换句话说，这种描写并不能满足我们对描写对象的印象性特征的需求。为了满足这种需求，我们需要培养自己的观察能力。

然而，对于没有经过训练的人来说，观察能力是无法发挥作用的。人的每种感官都能接收到许多不同的信息，这就需要我们努力掌握能够准确表达微妙意义的词汇。其中一种训练方法是集中精力努力区分感官所能表达的信息。例如，努力寻找一个能够准确表达某种具体声音、颜色或气味的词语。这种练习不仅可以增加我们对印象与词语之间联系的认知，还可以训练我们如何使用基本的描写方法，使某种感官在产生整体效果时起到主导作用。

以下是三个描写语篇，每个语篇的主要内容都与某个感官产生的印象有关。让我们来体会每个语篇中不同的观察点以及所使用的语言。

例（61）：

To tell when the scythe is sharp enough this is the rule. First the stone clangs and grinds against the iron harshly; then it rings musically to one note; at last, it purrs as though the iron and the stone were exactly suited. When you hear this, your scythe is sharp enough, and when I heard it that June dawn, with everything quite silent except the birds, let down the scythe and bent myself to mow.

例（62）：

The thing I chiefly remember about my grandfather's barn is the way it smelled. I reckon this is because when I was there I was often lying with my eyes closed, on the hay in the loft, with only the smell coming to me, or I was down in my little workshop and so preoccupied that I was only aware of the smells. Up in the loft, when I lay there on a rainy day, all I had to do was close my eyes, and there was the impression of a hayfield on a hot summer day, one of the days when I had had such a good time, the kind of dry, sweet smell you get from the hay. When I was down in my workshop, there was the smell like ammonia from the stalls on one side, a clear, sharp sort of smell that makes your nose tingle There was also the smell of good leather and saddle soap from the tackroom.

例（63）：

When I think of hills, I think of the upward strength I tread upon. When water is the object of my thought, I feel the cool shock of the plunge and the quick yielding of the waves that crisp and curl and ripple about my body. The pleasing changes of rough and smooth, pliant and rigid, curved and straight in the bark and branches of a tree give the truth to my hand. The immovable rock, with its juts and warped surfaces, bends beneath my fingers into all manner of grooves and hollows. The bulge of a watermelon and the puffed up rotundities of squashes that sprout, bud, and ripen in that strange garden planted somewhere behind my finger tips are the ludicrous in my tactual memory and imagination.

例（61）突出对听觉印象的描写，例（62）突出对嗅觉印象的描写，例（63）突出对触觉印象的描写。

从某种程度上说，联想性描写的好坏取决于我们是否能够区分与各种感官印象相关的词语。例如，当我们想要描述一个描写中的 loud noise 时，我们可以根据听到的声音选择准确的词语，如 crash、bang、thud、boom、bong、clang、howl、wail 或 scream。如果找不到合适的词语，我们会本能地问这种声音像什么，然后我们会使用比喻来重新塑造那种声音在受话者的想象中的形象。为了达到生动、具体和特别的效果，描写类语篇常常使用隐喻。

一般来说，我们不能仅仅依靠一种感官来感知世界，因此描写的目的是要体现我们在经历中所发现的多样性。

描写与其他语篇种类有关。有时我们会阅读纯粹的说明性描写，比如为特定受众编写的文章，而且说明性描写常常是说明、论证甚至叙述语篇的扩展部分。然而，我们通常发现联想性描写是其他某种语篇的附属部分。这是否意味着我们可以忽视描写这种语篇类型？答案是否定的，虽然描写很少单独出现，通常很简短，但它的作用却非常重要。描写通过生动的笔触可以提供真实的感觉，激发我们的想象力。

即使描写被用来支持其他总体目的，但有时它也以较为扩展的形式出现，具有自己的结构和展开方式。描写的一个重要原则是它必须能够形成主要的印象，我们可以通过对一个人的主要印象来识别他。同样，对一个地方或其他事物也是如此。

如例（64）：

I was born and went to school in Cheyenne, Wyoming, but l never cared much about the town. What I cared about was the place we had for summers, not terribly far from Shoshone Falls. There the valley and river suddenly widen out with some alfalfa fields and trees and our place. But the big thing, the thing you always are conscious of, is the cliff on the west side. They call it Drum Mountain, because it looks like a drum, round shaped, squat, and flat on top, an unusual shape for amountain in that region. The first thing you look at in the morning is the sunlight hitting it and making the black rock glitter. It glitters then like it had fool's goldin it (iron pyrites, that is), but of course it hasn't. If it doesn't glitter, you think it won't be much of a day today, and the fishing will be rotten. Toward the middle of the afternoon, you suddenly know that the shadow of Old Drum is coming across everything. It makes a night down in the valley long before night comes, and it is peculiar to see bright sky off yonder, high up, when it is already getting dark in the valley. When there is going to be a full moon, the whole family will wait up to see when the moonlight first hits Drum Mountain. Then you go to bed, and I bet in some way Old Drum is always with you even when you are sound asleep.

　　Drum Mountain 是例（64）的主要成分，规定了能形成的主要印象，统一了中心思想。

　　一样突出的东西会引人注目，但是一样东西仅仅靠突出是不行的，不能吸引我们全部的注意力。那样东西所产生的某种氛围或感情色彩，要比它所具有的某个具体特征（无论多么突出）给我们的印象更深刻，即使我们难以具体说清那种氛围或感情色彩是什么。因此，当我们描写某样东西时，我们应该更重视表达我们的感觉和理解，而不仅仅是表达它能被辨认的特征。当然，因为我们是在描写，所以必须要将某个物体表现出来，而我们努力营造的主要印象也可能是由那个物体传递出的一种感情色彩。我们要选择那个物体中那些有助于形成主要印象的成分。

　　如例（65）：

　　The waters are out in Lincolnshire. An arch of the bridge in the park has been snapped away. The adjacent low-lying ground, for half a mile in breadth, is a stagnant river, with melancholy trees for islands in it, and a surface punctured all over, all day long, with falling rain. My Lady Dedlock's "place" has been extremely dreary, The weather, for many a day and night, has been so wet that the trees seem wet through, and the soft loppings and prunings of the woodsman's axe can make no crack or crackle as they fall. The deer, looking soaked, leave quagmires where they pass. The shot of a rifle loses its sharpness in the moist air, and its smoke moves in a tardy little cloud towards the green rise, coppice-topped, that makes a background for the falling rain. The view from my Lady Dedlock's own windows is alternately a lead-coloured view, and a view in Indian ink. The vases on the stoneterrace in the foreground catch the rain all day; and the heavy drops fall, drip, drip, drip, upon the broad flagged pavement, called, from old time, the Ghost's Walk, all night. On Sundays, the little church in the park is mouldy; the oaken pulpit breaks out into a cold sweat and there is a general smell and taste as of the ancient Dedlocks in their graves.

所有的细节都被用来强化"潮湿、沮丧、阴沉"的印象：河流"静止不动"，斧子的挥动只是成了"轻轻的修剪"，枪声在潮湿的空气中"失去了其清脆、刺耳的特性"，教堂"发出霉味"。

三、描写中的选择

在研究主要印象时，我们区分了一样物体本身引人注目的特点有助于烘托气氛的重要特点。可以说，在描写中做到细节生动或有意义非常重要。为此，观察能力是必不可少的，但是我们也不能只是为了积聚细节而观察，还必须选择主要的细节。描写通过选择而起作用。在阅读描写语篇时，我们应该养成不断自我提问的习惯，比如：作者为什么选择这个细节？为什么选择那个细节？为什么这个细节激发了我的想象力？为什么那个细节没有激发我的想象力？

下面让我们带着这些问题来分析两个例子。

首先我们来看一个从海上对一个城镇的描写类的语篇例（66）。文中被强调的东西（灯光发出耀眼的亮光）一下子吸引了观察者的目光：

例（66）：

But when at last we anchored in the outer harbor, off the white town hung between the blazing sky and its reflections in the mirage which swept and rolled over the wide lagoon, then the heat of Arabia came out like a drawn sword and struck us speechless. It was midday, and the noon sun in the East, like moonlight, put to sleep the colors.

然而，生动性还可以通过某些细节描写来体现，而这种细节通过一般观察是不可能得到的。下面的例（67）就是通过提供一系列细节来体现生动性：

His (the naturalist's) senses are so delicate that in his evening walk he feels the warm and cool streaks in the air, his nose detects the most fugitive odors, his ears the most furtive sounds. As he stands musing in the April twilight, he hears that fine, elusive stir and rustle made by the angleworms reaching out from their holes for leaves and grasses; he hears the whistling wings of the woodcock as it goes swiftly by him in the dusk; he hears the call of the killdee come down out of the March sky; he hears far above him in the early morning the squeaking cackle of the arriving black birds pushing north ...

蚯蚓沙沙作响的爬动声生动地给人带来一种四周静寂的感觉，这种感觉要比任何通常容易观察到的细节都生动。黑鸟飞行时发出的"吱吱嘎嘎"声，是对那种声音最贴切不过的描写，因为作者观察精确，于是我们可以想象出，天空中飞过一群群的鸟儿。

缺乏经验的作者往往用形容词来描写细节。虽然形容词在构建语篇时必不可少，但还可以使用名词、动词的非谓语形式使文字更加生动。

例（68）：

They crept up the hill in the twilight and entered the cottage. It was built of mud-walls, the surface of which had been washed by many rains into channels and depressions that left none of the original flat face visible; while here and there in the thatch above a rafter showed like a bone protruding through the skin.

例（69）：

And a wind blew there, tossing the withered tops of last year's grasses, and mists ran with the wind, and ragged shadows with the mists, and mare's tails of clear moonlight among the shadows, so that now the boles of birches on the forest's edge beyond the fences were but opal blurs and now cut alabaster.

上面两例中的名词可分两类，一类只是具体地指出被描写事物的某个部分，比如：channels、depressions、mists、shadows、moonlight。另一类名词包含着某种比较，比如：alabaster、bone、skin。这类词的特点就是具体确切，很容易让人对被描写的事物产生一种印象，并引发想象。

副词有时通过把某物的性质和其运动合并起来的方式，使作者能非常熟练地塑造某种效果。试观察下面的例（70）：

Mr. Chadband is a large yellow man with a fat smile, and a general appearance of having a good deal of train oil in his system. Mrs. Chadband is a stern, severe-looking, silent woman. Mr. Chadband moves softly and cumbrously, not unlike a bear who has been taught to walk upright. He is very much embarrassed about the arms, as if they were inconvenient to him, and he wanted to grovel;is very much in a perspiration about the head, and never speaks without first putting up his great hand, as delivering a token to his hearers that he is going to edify them.

作者在描写 Mr. Chadband 时，是这么写的："（他）松松垮垮地、笨重地走动着，完全像一头经过训练会直立行走的熊。（moves softly and cumbrously, not unlike a bear who has been taught to walk upright）"副词 softly 和 cumbrously 把人物的性质和动作结合起来，产生了更形象和直接的效果。但是，如果作者把描写分开来写，那么效果就会逊色很多，如："Mr. Chad 松松垮垮、笨重厚实、很不灵巧。当他走动时，他的动作完全像一头经过训练会直立行走的熊。（Mr.Chadband is soft, heavy, and awkward-looking. When he walks his motion is not unlike that of a bear that has been taught to walk upright.）"

使用动词也可以使描写取得同样的效果，因为准确使用动词，不仅可以暗示动作的性质，还可以暗示事物或人物的性质。下面的例（71）是对被关在牲口棚里的一群野马的描写。

例（71）：

"Come on, grab a holt," the Texan said. Eck grasped the wire also. The horses laid back against it, the pink faces tossing above the backsurging mass. "Pull him up, pull him up," the Texan said sharply. "They couldn't get up here in the wagon even if they wanted to." The wagon moved graclually backward until the head of the first horse was snubbed up to the tailgate. The Texan took a turn of wire quickly about one of the wagon stakes. "Keep the slack out of it," he said. He vanished and reappeared, almost in the same second, with a pair of heavy wire cutters. "Hold them like that," he said, and leaped. He vanished,broad hat, flapping vest, wire cutters and all, into a kaleidoscopic maelstrom of long teeth and wild eyes and slashing feet, from which presently the horses began to burst, one by one like partridges flushing, each wearing a necklace of barbed wire. The first one crossed the lot at top sped, on a straight line. It galloped into the fence without any diminution whatever. The wire gave recovered and slammed the horse to earth where it lay for a moment, glaring, its legs still galloping in air. It scrambled up without having ceased to gallop and crossed the lot and galloped into the opposite fence and was slammed again to earth. The others were now freed. They whipped and whirled about the lot like dizzy fish in a bowl. It had seemed like a big lot until now, but now the very idea that all that fury and motion should be transpiring inside any one fence was something to be repudiated with contempt like a mirror trick.

从以上一些例子来看，通过选用合适的词语来达到描写效果的确非常复杂。然而，重要的是各种词类之间的相互作用，这不仅构成了描写的多样性，还与作者的感知特性相关。例如，当作者看到一群马从马棚里冲出来时，他所看到的是一个整体的场景，它们的颜色、它们的动作或运动的场景，而不仅仅是单独的马匹。作者一下子就能看到所有这些元素。这种语言使用上的相互作用和渗透是实现意义统一性的一种方法。

第五章　英语阅读概述

第一节　阅读的含义及本质

阅读是一项重要的活动，尤其在学校教育中扮演着重要的角色。学生需要掌握本民族语言和文字的基本规律，积累词汇量，能够阅读各种类型的文章，扩展文化知识，培养和提高分析和解决问题的能力，以完成各门学科的学习任务，并为参与社会生活做好准备。通过阅读，学生可以在思想和情感上受到作品的影响，培养良好的品质，发展个性。阅读过程一直是语言教学研究的重点之一。

许多人认为阅读理解的过程是先理解每个单词，然后理解每句话的意思，最终自然地理解全文的意思。然而，认识每个单词并不意味着能够理解全文，而且理解全文也不需要认识每个单词。

英国心理语言学家古德曼在进行了大量研究后认为，阅读是一种"心理语言猜谜游戏，是思想和语言相互作用的过程"。在这个猜谜游戏中，读者试图将作者编码的信息重新构建成一种图示。这个重新构建的过程是一个循环进行的过程，读者需要不断地从文本中获取信息，进行预测，然后再获取信息，验证或修正之前的预测。这个不断重复的"获取—预测—再获取—修正"循环被称为"古德曼心理语言学阅读模式"。

从艾伯索尔德研究和厄克特堰的阅读理论来看，阅读是一个由认识、分析、理解、综合处理等步骤组成的过程。这些步骤在阅读过程中会反复出现，每次都在已有知识的基础上对新的阅读材料进行重复。厄克特堰将阅读模式分为过程模式和成分模式两种。过程模式是连续的，即上一个过程完成后才开始下一个过程。成分模式则描述了阅读过程中涉及的各个成分，而不试图解释它们之间的相互作用或实际的阅读过程。

根据建构主义理论，阅读是读者知识重新构建的过程。在阅读过程中，读者需要以自身已有的信息和知识为基础，对外部信息进行识别、获取和加工，并构建一个与新信息相关的认知体系，以推测和理解作者的思想和意图。尽管这个构建过程受到认知活动的影响，但作者在文章中的语言编码可以引导读者自觉地应用已有知识来提取或构建新的意义。阅读过程不仅仅依赖于作者对读者的语言符号刺激，同时也涉及作者的语言思维与读者的认知构建之间复杂的相互作用。建构主义理论强调阅读是读者自主构建知识的过程。

关联理论由斯珀伯和威尔逊提出，他们结合各种学派对语言本质的认识，对言语交际特征进行了新的阐述。他们指出言语交际是交际双方进行明示和推理的复杂的动态过程。这一理论的提出明确了言语交际是双方互动的行为，扩展了言语交际研究的思路和角度。阅读也是一种交际过程，读者通过寻找语言文字中的关联信息，准确推断作者的真实意图，对文章作出最佳的解释。

篇章语言学家德博格兰德和德雷斯勒（1981）认为，篇章交际是人类符号行为中区分最为精细的系统，它继承了人类理性行为的主要技巧，如解决问题的能力、计划能力、对假设的广义化能力、检查和修正能力、处理非期望和不可能事件的能力、降低复杂性而适应处理限制的能力等。只有在读者解读时，篇章才真正成为篇章。篇章阅读不仅源于语境和一套世界知识假设，还是对作者编入的远多于内容的语码信息进行展开的过程。

认知语言学指出，阅读是一个主客体之间不断相互作用的过程。读物作为客体影响读者，而读者则作为主体，利用自己积累的经验去顺应、同化或反向思考读物所传达的信息。在阅读过程中，学生需要将新知识纳入或同化到原有的认知结构中，重建新的认知结构，适应外界客体所传达的新知识。这样可以最大程度地激活他们认识发展过程中的内部机制，这是阅读的重要价值所在。阅读理解本质上是一个复杂的心理认知过程，是读者主观地对人、物的信息进行加工的过程。认知语言学中的信息加工理论借鉴了主观主义心理学和格式塔心理学的合理成分。

目前普遍认为，阅读具有两个层面。第一是视觉层面，主要是对文字符号进行辨认，将信息传送到大脑；第二是认知层面，对视觉信息进行解释，不局限于认字释义，读者大脑中进行的是重建过程，试图再现作者在特定语篇中所要表达的意义。实际上，第二个层面是相当复杂的过程，并不像有些人认为的那样简单，阅读是被动接受信息和理解信息的过程。从心理语言学的角度来看，阅读是一种主动的创造性行为，阅读者需要根据自己已掌握的知识经验对作者要表达的意义进行筛选、推测、判断、归纳。

纳托尔（1982）认为，阅读是一种相互作用的交际过程。首先，阅读是作者和读者之间的交互行为，类似于说话和听的交际过程。作者在具体的语篇中表达自己想要传递的信息，读者通过理解语篇来获取信息。但是，与听的不同之处在于，阅读是间接的，没有具体的交际环境，也没有双方面对面的交流。因此，阅读的相互作用过程更为复杂和困难。其次，阅读是一个主动的创造过程，读者不是被动的接受者，阅读也不仅仅是视觉过程，而是在视觉信息的基础上借助各种非视觉信息，不断预测、检测语义，并对结构进行评判。阅读者根据自己的推测来理解语篇的意义，需要对文章中的选词、事实、组织结构等进行评判，以获得作者想要表达的信息。

根据格里特（1982）的观点，阅读是一个不断猜测的过程，读者已有的知识比要接受的知识更为重要。阅读理解的步骤包括浏览、预测内容及文体结构、快速阅读、确认或修正预测、进一步预测和更加仔细地阅读。

心理语言学家认为，阅读过程是一个积极主动的活动，需要大量的脑力活动。读者在阅读过程中不断对视觉信息进行解码、加工和处理。阅读的意义不仅在于材料本身，还在于读者与材料不断进行交流活动的过程。阅读需要读者将新知识和旧知识联系起来，以便完整地理解文章的意义。阅读是一个判断、推理、归纳、总结的过程，读者需要将分散于文章中的各种信息联系起来，并通过判断和推理得出对文章的认识。阅读是一个心理语言猜测活动，读者不断猜测下文是什么，并用作者所给的信息检验自己的预测是否正确。

综合学者们的观点，阅读是一个解释的过程，是感觉、感知和感情的递进思维过程，是一种心理语言活动，是语言知识和图式知识之间相互作用的结果。阅读既是解码的过程，也是读者与作者沟通与交流的过程；既是有效构建语篇的心理过程，也是语言水平与各种心理认知机制共同作用的结果。

阅读是一种复杂的生理和心理活动，是视觉信息和非视觉信息相互作用的活动。阅读涉及文字信息与读者的知识水平、文化背景和个人经验的相互作用。阅读是一个心理过程，读者通过启动多种生理器官、知识结构及技能技巧来与阅读材料的书面符号产生联系，并通过这种联系来解读符号，重构信息。在阅读过程中，读者利用文章中的各种现象进行思维活动，如体验和预测。读者通过标题、词语、句子和图表等激活相关知识，找到阅读定位并形成对所读内容的预测。如果预测成功得到验证，则顺利完成阅读；反之，读者需要推翻预测并形成新的预测，直到完成阅读。

大学英语阅读是一种言语过程，文章作为语言实体和信息载体，对书面信息进行认知构建。它综合训练和考查学生语言运用、阅读理解、逻辑推理、分析判断等能力。英语阅读作为一项输入技能，在提高综合运用英语语言能力的过程中体现了克拉申的输入假设，即接触大量有意义、有趣或相关的第二语言输入材料是决定第二语言习得能力的关键因素。阅读是语言输入的最大源泉，学生可以通过阅读获取知识。

第二节 阅读目的与对象

一、阅读的目的

阅读是有目的地获取书面信息的交际行为。人类主要的交际方式除了口头交际还有书面交际。阅读是对书面信息的理解与吸收。作为交际行为，读和听说一样，是受一定的目的或需要支配的。英语阅读教学应该考虑学生离校后在"真实世界"里进行言语交际的需要。现实中阅读的目的大体上有以下几种：

（1）为获得某一特定的事实或信息。如为了获取某项科技情报而读，为了了解某场足球赛况而读，为了掌握新设备的使用方法而读。（2）为了消遣娱乐，甚至为满足好奇心而读。（3）为获得对阅读材料的广泛理解。（4）为了评估信息，确定什么信息适合自己的信息系统。

不同的阅读目的需要不同的阅读技巧来实现。在英语阅读课上，教师可以帮助学生建起课堂阅读和真实阅读之间的桥梁，引导他们获取与阅读相关的各种知识，并对不同的阅读技能进行必要的训练。因为在完成每个阅读任务时，我们需要协调使用各种阅读技能和策略。

阅读不仅仅为了学习语法和词汇，也不仅仅为了分析句子结构。通过阅读，我们可以获取新的知识，提高认知水平，并增强分析和解决问题的能力。当然，在基础教育的学习阶段，阅读材料主要用于语言学习。学习专门设置的阅读课程，学习者可以获得必要的语言输入，积累词汇，掌握语法和篇章等语言知识，增强语感，并提高语言水平。

因此，教师在英语阅读课上应该根据不同的阅读目的，教授相应的阅读技巧。这样可以帮助学生更好地理解和应用所学内容，提高阅读理解能力。

同时，教师还可以引导学生发展自主学习的能力，使他们能够在真实的阅读环境中灵活运用所学的技巧和策略。

二、阅读的对象

大学英语教材中的文本种类是多样的，既包括文学类的文本，也包括非文学类的文本。这些材料的选择主要是为了帮助学生学习和练习语言知识点。然而，为了使学生能够在真实生活中运用所学语言，教材编写也应该将技能培养和语言产出有机地结合起来，这是语言学家哈默指出的观点。

尽管教材上的材料内容丰富且语言地道，但它们的覆盖面是有限的。在现实生活和工作中，学生会遇到各种不同类型的文本。如果他们没有阅读某种特殊文本的经验，那么阅读一些实用文本可能会很困难，比如广告、合同、说明书等。因此，教师在选择补充的阅读材料时，应该考虑到学生将来的实际需求。

下面列举了一些在日常生活中常见的文本类型：日历、地址、电话簿、字典、名片、银行报表、地图、轶事、天气预报、小册子、产品标签、洗涤说明、小说、戏剧、诗歌、连环画、手册、通知、非正式书信、商业信件、规则规定、电子邮件、贺卡、明信片、报纸、学位证书、统计表、申请表、商品一览表、海报、杂志、收听/收视指南、广告、旅游指南、烹饪指南、维修手册、备忘录、时间表、大纲、歌词、电影字幕、图表、流程图等。

通过接触和阅读这些不同类型的文本，学生可以更好地适应实际生活和工作中的语言需求。因此，教师在教学中应该引导学生接触和理解这些文本，并帮助他们提高相关的语言技能。

第三节 阅读模式与阅读理解

一、阅读模式

心理语言学家、认知心理学家和信息处理研究者根据信息加工的观点和方法,将人们在理解和学习过程中所运用的方法进行了分类。阅读心理学家也对整个的阅读过程进行过许多研究和分析,并提出了众多的关于阅读过程的模式。

这些模式大致可以分为四类:

(一)"自下而上"或"信息驱动"模式

自下而上模式是一种阅读理解的方法,其代表人物是高夫。这种模式强调从输入材料中获取语言信息,认为阅读是从最小的语言单位开始的,人们理解事物不是依靠先前拥有的知识,而是利用刚刚获取的信息中的单词、句子等材料,并对其进行加工处理。这种模式是指从外部刺激开始的加工过程,是将阅读材料翻译、解码的过程。它将书面语解码成口语。该模式认为:阅读的关键在于对单词的辨认和注意力的集中。由于阅读过程中读者的注意力有限,因此只有当对低层次信息(如单词、简单词组的辨认)达到类似自动的程度时,读者才能将注意力集中在语义和语篇的理解上。这种阅读过程是一种信息驱动的、受文章支配的过程。它有助于读者辨别新的信息或与读者对文章所作的假设不符的信息。

(二)"自上而下"或"意念驱动"模式

自上而下阅读模式是由古德曼为代表提出的一种阅读理论。这种模式认为,读者在阅读过程中会根据已有的相关知识来激活大脑中的某些信息,从而形成对所读内容的预测和定位。如果预测成功，读者可以顺利完成阅读；如果预测失败，读者需要调整预测并寻找新的论据，不断形成新的预测，直到完成阅读。自上而下模式认为，熟练的阅读者可以直接根据书面文字理解意义，而不需要经过口语译码过程。这种模式的加工是从读者对知觉对象的一般知识开始的。阅读者需要学会捕捉文中的提示，形成期望或对知觉对象的假设，从而理解文章。与自下而上模式相反，自上而下模式强调了读者的认知能力和背景知识在阅读中的作用。

  随着自上而下理论模式的出现，人们开始将认知理论与教学法相结合，形成了认知教学法。这种教学理论强调阅读者的认知结构和背景知识。在阅读过程中，读者如果没有相关的背景知识，就无法正确理解语篇，而背景知识不充分则会导致理解上的困难。因此，阅读教学过程不再是简单的语言教学，而是注重背景知识的教学和运用。

  一种常见的方法是，在阅读开始之前，教师会介绍相关的背景知识，然后进行阅读活动。同时，强调运用非语言知识来帮助理解词语和句子的意义，并进行一些检验理解程度的活动。这种方法试图激发学生的主动性，利用背景知识来克服语言障碍，提高阅读能力。相比传统的词汇和语法教学模式，这种教学模式具有一定的优势。然而，由于过分强调背景知识的作用，该教学模式也受到了一些批评。一些学者对该教学模式的观点和方法提出了质疑：阅读理解的基础究竟是语言知识还是背景知识？背景知识能够弥补语言知识不足的程度有多大？此外，外语阅读与母语阅读存在很大的差异。正如沃尔豪斯指出的，母语读者已经具备足够的母语言知识，能够进行自由灵活的主观判断，而外语读者只能依靠文字来理解文章的意义。因此，对于母语阅读来说，通过增强背景知识来提高阅读理解能力是适用的，但对于外语阅读来说，背景知识和语言知识同样重要，而语言知识是基础。如果没有足够的语言知识，仅靠背景知识很难正确理解文章。

(三) 综合或交替模式

实际上，在阅读的过程中，以上两种模式有时会交替使用，甚至同时出现，它取决于文章的类型、读者已有的背景知识和语言能力。在上述研究的基础上，学者们提出了一种更为理论家们所接受的新模式，即"综合或交替模式"，即鲁姆哈特（1977）等提出的综合或交替的语言理解模型。该模型认为语言理解是通过自下而上和自上而下的相互作用而实现的。在良好的直觉条件下，直觉主要是自下而上加工，而随着条件恶化，自上而下加工的参与也将逐渐增多。把这两种方向相反的加工方式结合起来，可以使语言理解过程进行得更为迅速和更为有效；对熟练的读者来说自下而上的阅读和自上而下的阅读是同时发生的。

柯迪（1979）在此基础上经过精心设计，又提出了 ESL（English as a Second Language，以英语为第二语言）阅读模式。在 ESL 阅读模式中，读者的背景知识、概念能力和处理策略交互作用，结果就产生了理解。这里的概念能力，指的是总的智力。处理策略指的是阅读能力的各种组成部分，包括许多最普通的语言处理技能，如音节/词素信息、句法信息、词汇意义和语境意义等。按照柯迪的观点，背景知识还能弥补处理策略（比如某些句法）上的不足。

(四) 阅读的心理语言模式

根据认知语言学的原理，一种理想的阅读模式应该包括以下三个方面：概念能力、信息加工方式以及图式知识。这三个方面相互作用、相互配合，才能使这种理想的阅读模式正常运行。

(1) 概念能力。概念能力指的是人的一般智力方面的能力，是阅读理解关键性的一环。它指的是读者在阅读过程中如何把零星的信息升华为概念的能力，也就是把阅读材料的感知输入转化为对阅读材料的最佳理解的过程。采用英语阅读教学的方法是提高概念能力的行之有效的手段。

(2) 信息加工方式。信息加工方式指的是阅读能力的各层次的组成部分，同时也包括许多普通的语言处理技能。就加工方式而言，学生在阅读时是由于社会、文化各方面的原因或由于从阅读表意文字到拼音文字转换调整的原因，他们通常不明白或不能充分利用上下文提供的线索，所以在理解句子含义时经常遇到困难。

（3）图式知识。所谓图式，就是人脑中预设的知识结构，是大脑对过去经验的反映或积极组织。图式理论主要试图解释人是如何运用大脑中的相关图式网络来储存和组织信息的。图式在信息加工中的作用实际上是读者的背景知识（图式）与所接触的话语之间相互作用的过程。

综上所述，阅读的心理语言模式认为理解程度与概念能力、图式知识密切相关，并且两者与处理策略共同作用于读者已有知识和文章内容相互作用的双向过程中：一个过程是信息由书面转向大脑的过程，称为信息驱动过程；另一过程使大脑中已有知识或概念附着于新信息，从而促进对新信息的加工处理和同化吸收，称为概念驱动过程。这两个过程同时进行并互为补充。"信息驱动"过程能使读者很快地寻找、筛选和组织头脑中已有知识所缺少的新信息，而"概念驱动"过程则能使读者的头脑迅速调动、收集过去已掌握的知识，并对阅读内容作出预测，再对已有知识和新信息加以比较和进行综合处理，通过对所作预测进行验证、补充或否定、修正等来完成对全篇内容的理解。因此，学生如果可以在阅读过程中灵活运用这些认知语言模式，将非常有助于他们准确、全面和深刻地理解阅读材料。

二、阅读理解

阅读是一种交流形式，涉及读者、作品和作者之间的互动。读者能否正确理解作品，体现了双方之间的沟通是否准确。语言理解是一个复杂的过程，一直以来都是语用学家、心理语言学家、认知科学家和语言教师们关注的难题和核心课题。到20世纪末，国内英语阅读研究的重点已经从关注阅读结果转向了关注阅读过程。我国学者对英语阅读过程的解释主要受到了西方学者关于语言理解理论的启发。

认知心理学认为，语言理解是一个通过语言材料构建意义的过程，它涉及输入信息（通过语言感知获得）与已有的认知结构之间的相互作用。这种相互作用的结果构成了语言理解。认知心理学强调已有的认知结构在语言理解中的重要作用，它认为语言理解不是被动地接受语言刺激的过程，而是一种主动加工的过程。

语言心理学认为，语言理解可以分成三个不同的层次或水平：

（1）语言识别。语言识别主要是通过知觉加工，对以听觉或视觉形式呈现的语言刺激进行初步的编码。这是语言理解的初级水平，它受语境、词频等因素的影响。

（2）句子的理解。句子是表达思想的单位。句子的理解过程是多种相互联系的心理活动的复杂结合。首先，句子理解要以语言识别为基础，对字词的物质外壳进行编码，达到对字义的确切把握。这是理解句子的基本环节。其次，还必须进行句法分析和语义分析。句法分析是指依据一定的句法关系，建立句子的结构，构建相应的命题，作进一步的理解，找到句子的意义。在理解句子的过程中，句法分析和语义分析是紧密结合、互相作用的。

（3）文章的理解。在正常情况下，人们阅读的不是单个孤立的句子，而是由一系列句子组成的课文。课文的理解需要以对句子的理解为基础，但又比句子理解高出一个层次。课文的类型多种多样，理解不同类型的课文包括的环节可能有所不同。例如，记叙文和议论文的体裁是不同的，对它们的理解也应该不一样：前者要求把握事情的发生、发展、人物、事件和结果，后者则需要理解文章的论点、论据和结论。对通讯、散文、小说、诗歌等的理解也有各不相同的要求。

国外阅读专家一般将阅读理解过程分为以下四个层次：

（1）字面理解。指读者能理解文章的字面意义，包括辨认词义、句法结构，回想文章大意、细节，事件发生的时间、地点、顺序和人物之间的关系等。这一理解可以局限于一个句子的内部，不涉及句与句之间的联系。

（2）推断性理解。指读者能根据文章的结构进行分析和逻辑判断，从字里行间推测出作者隐含的意义和作者的观点，包括根据上下文推测词义，事件发生的原因、顺序和结果，人物性格和中心思想等。这一层次的理解属深层理解。

（3）评价性理解。指读者凭借自己的知识和评价原则，能对文章进行分析和评价，如评论信息的真实性、事件的可能性和结论的合理性等，并表明自己的态度。

（4）欣赏性理解。指读者以自己的思想认识、情感态度、兴趣爱好来领会文章的主体思想和作者的观点，包括对文章思想内容和写作技巧方面的感受、体验、鉴别和欣赏。

以上四个层次中，字面理解是最基础的层次，主要依靠语言知识和能力来理解文字的表面意思。推断性理解则更深入，需要运用语言能力和阅读技巧来推断作者的意图和文章的整体逻辑结构，同时还要考虑文章的文化背景和情景。评价性理解和欣赏性理解则是阅读的最高层次，需要在理解文字形式和内容的基础上，对文章进行整体分析和评价。这需要读者的文化背景知识与阅读理解相互作用。阅读是一个多层次的心理活动，需要调动多种生理器官、知识结构和阅读技能。如果阅读教学只停留在字面理解的层次上，只能达到对语言的表层理解，无法理解文章的深层语义结构和整体思想，就难以培养学生的阅读能力。

第六章　英语阅读的语篇研究

经过多年的分析和研究，我们发现影响学生阅读理解效果的因素有很多。这些因素可以分为两大类：语言因素和非语言因素。

语言因素包括词汇、句法和篇章等。这些因素对于理解英语阅读材料非常重要。然而，在英语阅读的课堂教学中，有时教师过于注重对这些语言点的分析和讲解，而忽略了语篇中的非语言因素。这是导致英语阅读教学效果不佳的主要原因之一。

非语言因素包括阅读策略、元认知与认知策略以及图式知识等。这些因素与语言无关，但对于理解和解释语篇非常重要。本章将详细阐述各个因素以及它们在语篇中的内在联系和相互作用。了解语篇的类型、结构、组织模式、思维模式和策略方面的知识，可以提高我们英语阅读教学的层次和质量。

此外，本章还将从语境的角度阐述如何综合运用语言因素和非语言因素来理解整个语篇。通过综合考虑这些因素，我们能够达到令人满意的阅读理解效果。

第一节　语篇与篇章的概念界定

一、语篇和篇章的界定

语言学家在其著作中常常使用语篇和篇章这两个术语，但对它们的界定还存在模糊之处。

根据王宗炎（1998）主编的《英汉应用语言学词典》中的定义，text（篇章）和 discourse（语篇）都是指口头或书面语言的一个单位，可以是短的也可以是长的。一个语篇可以只有一个词，如 exit（出口），也可以是一段长的话或文字，如一次布道、一本小说或一场辩论。要全面理解一个语篇，需要参考上下文。语篇的功能可以是警告、指示或表达某种心理等。discourse 指语言运用的各种实例，即语言交际过程中所说的话。话语研究与语法研究的对象和范围不同。语法研究以句子为最大单位，而话语研究的对象可以是比句子更大的单位，如一段话、一篇演讲、两人会谈等。有些人将对书面语和口语的研究都归入话语分析，但也有人将话语分析限于对口语的研究，而用篇章语言学来指导书面语的研究。《英汉应用语言学词典》没有明确给出 text 和 discourse 的译名，两者都可以称为语篇。在释文中，王宗炎倾向于将 text 称为语篇，将 discourse 称为话语。

国内外学者对篇章和语篇的概念的认识也存在差异。第一种认识是，篇章和语篇的概念没有太大区别。这一点可以从上述王宗炎对 text 和 discourse 的定义中看出。国外学者也常常将两者混为一谈，如考斯多（1992）在《语言学简介》一书中将语篇定义为"一连串大于一个句子的语言，尤其是口语，常构成一个连贯的单位，如一次布道、辩论、笑话或叙述"，将篇章定义为"一段自然发生的口头、书面或符号语篇，常常是有一定交际功能的语言单位，如一次谈话、一条标语"。

第二种认识是将篇章和情景语境结合起来构成语篇,即语篇是动态的,而篇章是静态的、脱离语境的,篇章是语篇的文字记录。例如,库克(1989)认为语篇是"一连串有意义的、完整的、为一定目的服务的语言",而篇章是"一连串被形式解读、脱离语境的语言"。努南(1993)认为语篇是"对交际事件在语境中的阐释",篇章是"一个交际事件的任何书面记录。该事件可包括口头语言,如布道词、随便交谈、商店购物对话等,以及书面语言,如诗歌、报纸上的广告、标语、小说等"。克威斯特(1989)认为语篇是"篇章及其情景语境",篇章是"没有语境的语篇"。罗伯特和德雷斯勒(1981)对篇章下了较严谨的定义并进行了深入研究,他们认为篇章应定义为满足七个标准的交际事件。如果其中任何一个标准被认为没有得到满足,该"篇章"就不具备交际性。不具备交际性的"篇章"被称为"非篇章"。篇章是构成语篇的一个单位。他们所说的七个标准分别是:衔接、连贯、意图性、可接受性、信息性、情景性和跨篇章性。

韩礼德和哈桑认为 text 一词在语言学中指的是任何口头或书面的、长短不限、构成一个统一整体的段落。text是使用中的语言单位,不像句子或小句一样是语法单位,因此不能通过长度来确定。text可以是一个词、一个句子,也可以是一部长篇巨著,它是在一定语境下表达完整语义的自然语言,不受句子语法约束。他们指出:"一个 text 是一个语义单位,不是形式单位,而是意义单位。"

奎克等人认为:"text 是在实际运用中具有恰当连贯性的一段语言。这就是说,该 text 在语义上和语用上与现实世界中的实际语境'相一致',而且它在内部或语言上也具有连贯性。"

霍伊给 text 的定义是:"text 可清晰地表示一个或多个作者和一个或多个读者之间相当独立的、有目的的互动,其中作者控制着互动并生产大部分或所有的语言。"

布朗和尤尔则认为:"text 是交际行为的文字记录"。他们将语篇按生产方式分为书面语篇和口头语篇。书面语篇在其生产过程中作者无法利用副语言进行提示，无法得到及时的反馈；而口头语篇则被看作是录音带、录像带记录保存下来的一个交际行为，除 text 本身外，被保存下来的还可能包括与 text 无关的咳嗽声、椅子的嘎吱声、汽车的驶过声、点烟的擦火柴声等。这些不会构成 text 的任何部分，但可以形成相关语境的一部分。

胡壮麟先生对语篇的定义是广义上的，既包括话语，也包括语篇。他认为，语篇可以是一个词、一个短语或词组、一个小句、一副对联、一首小诗、一篇散文、一则日记、一部小说、一个口号、一首歌曲、一次对话、一场口角、一次长达两三个小时的演讲等。总之，这里的语篇是指任何不完全受句子语法约束的在一定语境下能够表示完整语义的自然语言。

此外，胡壮麟将语篇研究的发展分为启蒙时期、开拓时期和巩固时期。在启蒙时期，强调从语段分析语义的弗斯和韩礼德都是从语言的角度研究语言意义。哈里斯首创了"语篇分析"这一术语，他是语言学家，也是句子语言学家。在开拓时期，韩礼德提出正在使用的语言有三个纯理功能，即概念的、人际的和语篇的功能。语篇功能对其他两个功能有促进作用，使语篇能够根据语言的特点产生。20世纪70年代以后，语篇研究进入了巩固时期，韩礼德和哈桑的研究被认为是这一时期的重要作品，凡·戴克的研究也很引人注目。从语篇研究的发展历程来看，对语篇研究作出贡献的大多为语言学家。维吉尔·范迪克和古特索斯曾告诫人们不要否定结构主义语言学对语篇研究的正面贡献，并指出这有助于使阐述语篇研究成为语言学领域所特有的标志和特征。语言学家研究语篇一般从语法介入，美国的格里森就采用了层次语法的方法进行研究，欧洲的语言学家也曾把描写句子的转换生成方法套置于描写语篇。由于侧重对语篇的语法进行研究，所以他们的研究只能处理典型关系，在很大程度上不能应付语言使用中的特殊关系。韩礼德通过研究词汇语法系统的衔接成分来体现语篇功能，这算是与语言使用最接近的语法，然而这种理论也是一种社会符号学的抽象理论，他的研究仍然禁锢于语言学的框架之内，与哲学家对语言的外部语义的研究还有本质的区别。

综上所述，无论是 discourse 还是 text，我们都可以称为语篇。语篇是言语作品，是语言实际交际过程中的产物。无论以何种形式出现，语篇都应该合乎语法、语义连贯，包括与外界在语义上和语用上的连贯，也包括语篇内在语言上的连贯。由于语篇是语言交际的产物，所以语篇必须依赖具体的语境方能存在，同时还要具有明确的交际功能和目的，如传递信息、描述事件、发布命令等。由于语篇被视为高于句子层面的语义单位，所以其规模并不能用长短来界定。判断一个语言单位是否是语篇，应该看其是否在特定的语境中表达了应有的含义或是否具有实际的交际功能。语篇是有效交际的基本单位。

二、语篇的类型

胡曙中（2005）认为，早期的语篇分类方法主要采用了传统的语言学方法，例如对词类进行计数，对句子长度和复杂性进行统计，或者对某种语篇的特点进行描述，比如广告语篇多用形容词，新闻报道语篇多用动词。这些方法可能揭示了语篇内在的倾向，但并没有对语篇种类提供多少解释。

总的来说，现在有两种关于语篇类型的研究方法。一种是已被公认的将语篇分为叙述、描写、文学等方面的传统方法，这种方法试图对每种语篇的特点进行定义。另一种方法是独立地对语篇理论进行定义，然后观察是否能得出一个可行的类型学。有些学者认为，这两种方法可以合并使用，因为在形成语篇理论的过程中，必须将语篇理论与语篇类型的合适性结合考虑，这样才能对传统的语篇种类进行定义。

如今，许多学者认为，语篇类型不能脱离语用角度来定义。人们不能将语篇类型视为模糊的分类，并且语篇种类的定义必须与语篇的合适性结合。

根据这种思路，一些学者认为，语篇与语篇本身、语篇世界、储存的知识模式和发生事件的情景等因素有关。他们认为，不同的组合方式构成了不同的语篇种类。这种研究方法虽然没有严格规定某种语篇的特点，但对不同组成部分的强调在语篇的生成和加工过程中有力地影响了语篇的选择、安排和构建。因此，对语篇最理想的分类方法也只是一个宽泛的概念，并且语篇种类之间存在重叠的部分。尽管如此，某些语篇特点也只属于特定的语篇种类，换句话说，它们是某种情景、主题和知识模式所特有的。这种研究思路可以解释英语文化中一些传统的语篇范畴。

然而，刘辰诞（1999）认为，语篇和篇章的类型是不同的。他认为，语篇类型涉及所有交际行为的目的，无非是表达自我或是以某种特定方式试图影响听话人或读者。篇章策略必须考虑语篇的目的或功能。语篇的目的可以看作交际行为的起点，其功能与编码者、解码者、语言和现实世界等不同的交际组成成分密切相关。按照韩礼德的划分方法，语言具有三个主要功能：达意功能、人际功能和篇章功能。语篇功能应属于人际功能，而篇章策略应属于篇章功能。根据奥斯汀、西德等人的言语行为理论，语篇功能大致等于言语行为，而篇章策略则对应于表述性言语行为。例如，讲故事本身是一种表述性言语行为，而讲故事的目的是影响篇章接受者的观点或行为。讲故事的目的可以是娱乐，也可以是为了改变听话人或读者的行为，说服他们做某事等。在这种情况下，故事作为一种语篇类型，实现了语篇的目的，体现了语篇的功能。

语篇类型有许多种，包括笑话、轶事、诗歌、信件、广告、报告、笔记、学术讨论、宣言、祝酒词、辩论小说、布告、传记、标牌、小品文、故事、保证书、指南手册、支票、遗嘱、菜谱、处方、电报等。这些类型可以被称为语篇的"体裁"，它们与语篇的功能密切相关。

语篇类型与语篇功能之间并不一定是一一对应的关系。一种语篇类型可以实现多种功能。例如，故事这种语篇类型可以用于娱乐，也可以用于改变读者的态度，说服他们做某事等。说明性语篇类型可以向读者解释某件事情，也可以用于教导或宣传某种主张。同样地，同一种功能也可以通过多种语篇类型实现。例如，叙事性、说明性和描写性语篇类型都可以用来宣传或坚持某一主张。

语篇类型的范例可以有所变化，即使是同一语篇类型的实例也可能存在差异，但它们仍然具有相同的目的，属于相同的语篇类型。专业人士对特定的语篇类型及其内在结构必须非常了解，因为在构建语篇时必须遵守特定语篇类型的惯例。这也是人们能够识别私人信件和商务信函的原因之一。

与语篇类型相比，篇章类型是更具体的语言结构系统，它与篇章策略选择相互影响。语篇类型的选择会影响整个篇章策略，而篇章类型的选择是篇章策略过程中的一部分。换句话说，语篇类型的选择影响整体篇章策略，而篇章类型的选择是规划篇章整体过程中的一部分。篇章可以看作是某一特定语篇类型的实例。有时，语篇类型和篇章类型是一致的，例如辩论性篇章类型与辩论性语篇类型是一致的，只是篇章类型更接近实际篇章，需要借助于篇章表层的具体语言特征来界定。语篇类型包括口语和书面语，而篇章类型只包括书面语。

对篇章的分类可以使用外部标准或内部标准。篇章的外部标准与交际情景相关，与语篇类型比较接近，例如指南手册、儿歌、商业信函等。篇章的内部标准与篇章的形式或内容相关，例如说明类篇章、描写类篇章、叙事类篇章、论辩类篇章、评价类篇章、说理类篇章、指导类篇章、程序类篇章等。

根据学者的分类方法，篇章可以被分为不同的类型。沃里希（1976）将篇章分为五种类型：说明类、叙事类、描写类、辩论类和指导类。这些类型与不同的认知过程相关，并通过多种形式表现出来。

朗格克尔（1982）提出了四个参项来分类篇章：正负伴随时间序列、正负人物定位、正负投射和正负张力。前两个参项用于确定四种不同的篇章类型：叙事类、程序类、行为类和说明类。后两个参项可以进一步细分这些篇章类型。

金尼维（1980）从语篇目的出发将篇章分为三大类：以作者为焦点的表达类篇章、以读者为焦点的说理类篇章和以论题为焦点的参考类篇章。然后根据篇章对现实的着眼点进一步分为三类：描写类篇章、叙事类篇章和评价类篇章。

虽然有一些典型的篇章类型，但大多数篇章是不同类型的混合体，可能介于两个或多个类型之间,或者包含不同类型的片段。然而,通常情况下,我们仍然可以根据篇章的总体模式将其归类为某种类型。在多类型篇章中,通常会有一个主导类型或框架类型,篇章主要通过确定这个框架来归入特定的类型。

篇章类型的认知基于跨篇章的特点,即人们可以从之前接触过的篇章中获取类型知识。博格兰和德雷斯勒(1981)认为,建立篇章类型学在语言学中的意义在于可以将篇章类型作为篇章生产和接受的应用性根据。篇章类型是抽象的原型,与某一特定篇章类型相似的篇章应根据抽象核心和原型界限确定其类型。

第二节 英语语篇的组织模式

胡曙中(2005)认为,语篇组织模式是语篇的宏观结构。迈克尔·荷伊(1983)将组织模式定义为构成语篇关系的组合。语篇的组织模式是语篇中各个主要成分的组合结果,是人们在语言交际中互相遵守和期待的语言共识。语篇的组织模式在语篇的生成与对语篇的理解中起着重要的作用。麦卡锡和卡特指出,要理解一个语篇,读者需要理解语篇不同组成成分之间的联系。在语篇交际过程中,语篇生产者会根据自己的交际目的选择相应的语篇模式来建构符合语篇交际构成原则的语篇,以实现有效交际。因此,研究英语语篇模式,了解其内在的规律性,有助于在语言教学中培养和提高学生理解和运用语篇的能力,也有助于语篇交际尤其是跨文化交际的顺利进行。

语言学家迈克尔·荷伊、尤里埃尔·瓦恩里希和迈克尔·麦卡锡等对英语的语篇模式进行了深入研究,认为英语中可能存在多种语篇模式,但常见的模式包括：问题—解决模式、一般—特殊模式、主张—反应模式、机会—获取模式、提问—回答模式等。这些语篇模式反映了英语文化中的修辞规则，成为文化知识的一部分。

一、问题—解决模式

解决模式的宏观结构一般由情景、问题、反应和评价或结果四个成分组成。这些成分可以由一个小句或句子充当，也可以由两个或更多小句或句子组成。在某些语篇中，情景可能是可选的，而反应指的是解决问题的方法。评价或结果有三种可能性：一是在肯定评价之后提供依据或理由，这个依据或理由可以有也可以没有；二是在肯定结果之后提供肯定评价，这个肯定评价可以有也可以没有；三是将肯定结果和评价结合在一起表述。

例（72）：

Most people like to take a camera with them when they travel abroad. But all airports nowadays have X-ray security screening and X-rays can damage film. One solution to this problem is to purchase a specially designed lead-lined pouch. These are cheap and can protect film from all but the strongest X-rays.

例（72）是一个为阐释解决方式而编制的语篇。在这个语篇中，第一个句子给我们提供一个"情景"，第二个句子提出在这个情景中可能出现的某种"问题"，第三个句子描述对这一问题的"反应"或解决办法，最后一句则给出对这一反应或办法的肯定"评价"。

一般来说，问题—解决模式的结束标志是对"问题"提出了有效的解决方式，给出了肯定的评价（或结果）。但如果采取的"反应"没有解决问题、评价或结果是否定的，语篇生产者可能会转而求助于其他解决办法，这样问题—解决模式就会出现循环，直至找到有效的解决办法。

问题—解决模式是英语阅读中极为常见的语篇模式，经常用于说明文、广告、科技文章、实验报告、新闻报道以及故事、小说等文学作品中。同时该模式在词汇标志方面也有其鲜明的特色。最突出的莫过于语篇中有时会出现 problem、solution、result 等明显的词汇标志。莫卡斯（2002）对该模式各组成成分中经常出现的词汇标志作了小结：问题成分的词汇标志有 concern、difficulty dilemma、drawback、hamper、hinder、hindrance、obstacle、problem、snag 等；反应的词汇标志有 change、come up with、develop、find、measures、respond、response 等；解决与结果的词汇标志有 answer、consequence、effect、outcome、result、solution、resolve 等；评价的词汇标志有（in）effective、manage、overcome、succeed、（un）successful、viable、work（v.）等。

二、一般—特殊模式

一般—特殊模式是一种常见的语篇结构，也被称为概括—具体模式。它由三个成分组成：概括陈述、具体陈述和总结陈述。总结陈述是对语篇内容的总结，但并非每个语篇都必须有总结陈述，如果具体陈述已经清楚阐明了概括陈述的观点，那么总结陈述可以省略。这种模式有两种表现形式：一种是先概括后举例，其特点是概括陈述阐明主题并统领整个语篇，然后具体陈述通过举例来论证概括陈述；另一种是先整体后细节，其特点是概括陈述给出总体轮廓并统领整个语篇，然后具体陈述通过细节论证概括陈述。细节论证通过描绘细节或使用数字统计来说明概括陈述的一般事实或原则。

例（72）：

Knowledge often results only after persistent investigation: Albert Einstein, after a lengthy examination of the characteristics of matter and energy, formulated his famous Theory of Relativity, which now acts as a basis for further research in nuclear physics. Using plaster casts of footprints and stray strands of hair, a detective pertinaciously pursues the criminal. After years of work Annie Jump Cannon perfected the classification of the spectra of some 350,000 stars. Investigations into the cause of polio have provided us with the means for prevention and cure of this dreaded disease only after many years of research. As students, we too are determined in our investigation to find, retain, and contribute to the store of human knowledge.

例（72）第一个句子是整个语篇的概括陈述，提出了中心主题，即常常只有在坚持不懈的调查研究之后才会产生知识；接下来用四个不同的具体例证来支持概括陈述所提出的主题；最后一句是总结陈述，回应主题。

又例如例（73）：

One of England's most famous furniture designers of the late Georgian period was a former preacher, Thomas Sheratoon, who gave his name to a distinct style. Working primarily with mahogany, satinwood, and rosewood. Sheraton design furniture which looked consisted of four-sided frames and central slates, the latter usually decorated with urns or lyres. The legs of the chairs wereslenderand tapered, often with six to eight sides. Famous for his exquisite sideboards and writing desks, which were as practical as they were attractive. Sheraton decorated his furniture with inlays and bandings of unusual woods. He was fond of delicate relief carvings and also less commonly ornamented his furniture with painted flowers and scrolls.

例（73）从家具的一般特征 looked fragile but actually was very strong 讲到 chairs、sideboards、writing desks 等的具体构造；从椅背、椅腿的构造讲到各种装饰物的细节。语篇通过细节描写来说明 Sheraton 式家具的独特风格，从一般概括到具体陈述，步步深入，越讲越细。

McCarrthy 认为在英国房地产商的推销宣传材料中，概括—具体模式非常典型。这种模式首先对待售的房产进行概括描述，然后再对单个房间以及其个性特征进行详细描述，最后再回到对整个房产的概括描述。除此之外，这种模式在自然科学、社会科学的论述文中也很常见，甚至在文学作品、百科全书和其他参考书中也经常出现。

三、主张—反应模式

主张—反应模式也可以称为主张—反主张模式或假设—真实模式。该模式的宏观结构包括情景、主张和反应三个组成部分,其中情景在很多情况下是可选的。因此,该模式的核心部分就是主张和反应。在主张部分,作者陈述他人或自己已经提出但未被认同真实性的观点或情况,有时还会提供提出该观点或情况的理由。在反应部分,作者阐明自己对主张部分观点或情况的看法,支持或反驳、肯定或否定主张部分提出的观点或情况,并给出相应的理由。需要指出的是,反应部分有时不一定代表作者本人的观点,而是提出另一方的反主张或描述真实情况。

主张—反应模式在辩论、评论、政治新闻等语篇中经常出现,是这些语篇的典型模式。此外,在报纸和杂志的读者来信中也经常出现这种模式,因为这些来信通常是对已刊发内容的反应。

例(74):

① I have in my possession a copy of a press release from Sir Aaron Klug, the president of the Royal Society dated April 1996, a month after it was officially admitted that BSE was probably the cause of the new variant CJD. ② In it he stated that "the sheep form of the disease, called Scrapie, is known not to infect humans." ③ We know no such thing. ④ What we know is that we do not know whether Scrapie can infect humans and cause CJD, a very different matter. Dr Helen Grant

例(74)摘自英国《卫报》(*The Guardian*)的一封读者来信。句①是情景,句②是他人的观点,句③和句④分别是作者对他人观点的否定与修正。

四、机会—获取模式

机会—获取模式的宏观结构由情景、机会、获取、结果组成。其中情景可有可无,模式通常从机会出现开始,往往会有明显的模式词汇标志,如

offer、opportunity 等，同时还常常有像 unique、special、unusual、outstanding、once in a lifetime、once in a blue moon 等词语与它们连用。结果要么是肯定的结果或无法弥补的否定结果，要么是可弥补的否定结果。如果是可弥补的否定结果，模式就会循环。

例（75）：

TRUNER'S VENICE

① A unique opportunity to obtain four limited; lithographs from the artist's final tour of venice.

② A special offer to collectors.

③ Reply now and you will receive a free colour brochure giving you a fascinating insight to Turnet's Venice.

④ The publisher's will immediately reserve a complete set of pictures for you.

例（75）是一个典型的机会—获取模式例子。句①和句②提供机会，句中有明显的该模式的词汇标志，句③描写机会怎样获取，句④是报告肯定的结果。机会—获取模式多用于广告、报刊启事、商务英语、叙述语篇。

五、提问—回答模式

提问—回答模式一般会在语篇的开头提出一个问题，随后语篇的展开主要是寻求对所提问题的令人满意的回答。其宏观结构是情景、提问、回答与肯定或否定评价，但主要组成成分是：提问、回答。情景可有可无，肯定评价预示语篇的结束，但有时也可以不出现，但若对回答是否定评价则预示着模式的循环，直到出现令人满意的回答。

例（76）：

London-Too Expensive

It's no surprise that London is the most expensive city to stay in, in Britain; we've all heard the horror stories. But just how expensive is it? According to international hotel consultants Horwath & Horwath's recent report, there are now five London hotels charging; over £ 90 a night for a single room.

But even if your hotel choice is a little more modest, you'll still be forking out nearly twice as much for a night's stay in London as elsewhere in Britain. Average room rates last year worked out at around £ 19 in the provinces compared t0 £ 35 in London.

在例（76）中，第一句提供了一个情景，然后是问题与回答。从分析可以看出，提问—回答模式与问题—解决模式有一定相似之处，如都有情景、问题、反应，但提问—回答模式有其明显的特点：一是提问—回答模式通常在语篇开头有明显性的、带有疑问号的疑问句；二是该模式的主要动机是寻求一个令人满意的回答；三是提问—回答模式是匹配比较型，而不是序列型，模式主要通过重复法获得信号标志，提问与回答之间没有逻辑顺序关系。对于序列型的问题—解决模式，主要组成部分之间有着因果关系：因为某人遇到麻烦或困难，所以他采取行动或对策来解决它。但是，如果用因果关系来解释提问与回答之间的关系，比如说，因为有提问，所以某人回答，就显得牵强、不自然。提问—回答模式应用广泛，经常出现在演说、政论、说教、报道等较长的语篇中。

以上讨论了英语阅读中的几种常见的语篇组织模式，每一种组织模式都有其鲜明的特色，反映了英语文化中的修辞规则。值得注意的是，这些组织模式所包含的句子或段落的数量不固定；另外，在实际语言交际中，一种组织模式可能独立出现，也可能与其他语篇组织模式结合一起出现，要么是一种组织模式后接另一种组织模式，要么是一种组织模式中嵌有另一种组织模式，比如，一个问题—解决模式在某些部分中含有一般—具体模式。

在语言教学实践中，教师要超越句子层面来把握语篇的教学，运用语篇语言学的理论知识和方法，积极引导学生有目的地认识语篇模式，让学生了解掌握英语语篇建构的内在规律，增强语篇意识，培养和提高学生的语言能力，使学生阅读时能顺利地理解语篇，从而提高英语阅读教学质量。

第三节 语篇衔接理论下的英语阅读教学新模式

一、阅读前与学生进行互动,适时对学生进行引导

阅读前,教师首先要引导学生了解篇章背景知识,以及组织学生讨论与篇章内容有关的问题,这样可以引起学生对篇章的兴趣,从而主动进行阅读。教师需要依据教学计划教授学生学习篇章的特点,并引导学生注意篇章的体裁,使学生能够利用自己的知识,借助文章的标题、中心句等进行分析,预测篇章的内容。

二、设置问题抢答环节,帮助学生掌握文章脉络

将学生分成若干小组,在学生阅读课文之后,及时提出抢答问题,并以小组计分的形式给予鼓励。通过对问题的快速反应,学生既提高了阅读记忆质量,又有意识地回顾了文章的组织结构特征,把握了语篇的脉络,这为后面深入理解语篇打下了基础。

三、分析语篇结构,帮助学生形成图式

在英语阅读教学中,教师可以引导学生总结篇章结构知识和不同语篇题材类型。例如,在议论文中,一般包含论点、论据和论证等要素。议论文的主要特点是阐述观点,通常采用突出论点、举出论证、得出结论的结构方式。议论文中通常有主题句、支持句和结论句。教师应引导学生根据这些特点分

析某一类型的阅读材料，帮助学生准确理解每个句子在篇章中所达到的语言效果。

说明文是用来说明事物、阐述特定事件或问题的文章。通常，说明文的条理清晰、逻辑严密、层次感强，语言表达也较为清晰。

记叙文通常包括事情发生的时间、地点、人物、原因、过程和结果。从内容上看，叙述的故事可以分为开端、冲突、情节、发展、高潮和结局等几个部分。

描写文主要使用形象化的语言对人物、环境、事物等进行具体描述。描写文可以分为对人物的描写和对事物的描写等几类。

教师根据阅读材料的类型引导学生阅读，有助于学生把握文章整体内容，形成对该类文章的图式，引导学生从整体角度区分文章各个部分在篇章中的地位，找出主题句和细节句，从而掌握文章的主旨，大大提高学生的英语阅读水平。

四、分析语篇衔接手段，提升阅读水平

衔接理论为阅读训练提供了有效的方式。刘辰诞（1999）指出，在阅读过程中，真正理解一个句子对把握文章大意十分重要。了解语篇衔接的特点可以帮助学生找出与一个句子相关的其他句子，从而理解整篇文章的内容。教师应引导学生了解语篇衔接手段，并以此为思路，寻求更有效的阅读教学新模式。归纳总结语篇衔接的各种手段，使学生了解语篇的前后呼应，对下文逻辑关系有所把握。大多数英语语篇中，词汇和句子的衔接手段存在一定的规律，只是表现形式有差异。对语篇衔接手段进行归纳，虽然有难度，但不是不可能完成的任务。因此，我们要根据语篇体裁和英语语篇特点，选取最利于学生理解、最有助于提升学生篇章把握能力的衔接手段进行分析，提高学生对语篇衔接手段的敏感度和解读能力。

在对语篇衔接手段进行归纳总结时，要重点关注衔接成分、补全改写衔

接成分，以及分析衔接前后句子或段落之间的关系。在词汇衔接教学中，可以给学生提供一些关键词为生词的句子，让学生通过对上个句子的理解和上下句的衔接，猜测下个句子中关键词的含义。或者给学生一篇英语文章，让学生从中找出意义相近或相反的词汇，还可以让学生找出语篇中的词汇链。对于某些生词的把握，教师可以引导学生利用词缀来识别词义，或利用上下文来猜测词义，并引导学生借助语境记忆生词。

  总之，经过长期调查和分析，语篇模式分析不仅能激发学生学习的积极性和提高学生的学习兴趣，还能提高以学生为中心的课堂教学效率。提高大学生英语阅读能力的有效途径是培养学生良好的学习习惯。由于语篇模式还没有经过大量的调研和试验，受到试验样本较少等因素的限制，还需要进一步发展和研究。尽管如此，运用语篇模式和理论相结合的方式进行的大学生英语阅读教学是值得进一步研究和发展的教学模式。在今后的教学中，只有在实际教学中积累经验，并让实际教育实践和理论相结合，才能进一步完善对该教学模式的研究。

第七章　英语阅读理解与语用推理

第一节　语用推理理论研究

21世纪的中国正在以更加开放的姿态面向世界。英语作为跨文化交流的主要语言，越来越显示出它的重要性。然而，在实际生活和工作中，许多人觉得自己的英语水平有限，且存在一定的应用困难：有时无法理解对方话语的意思，有时又无法清楚表达自己的思想。因此，如何有效提高英语水平仍然是一个难题。英语学习是一个综合学习和训练的过程，听、说、读、写、译这五种能力是紧密联系、相互影响、相互促进的。在我国目前的条件下，直接锻炼英语听、说能力的机会有限，因此，阅读成为接触英语、获取语言材料、获得感性认识的重要途径。特别是对于大学生来说，应以阅读为突破口，促进各种语言技能的全面提高。通过阅读，学生可以了解异国的风土人情、民俗习惯、历史知识和民族特征，提高交流能力，避免交流出现不和谐甚至误解。只有打好语言基础，才能具备较强的交际能力。

阅读是人类进行认知活动的重要途径。阅读过程是语言和思维活动相互作用的复杂的心理过程。它除了要求读者理解表层文字（如字、词、句等语言形式）外，还要求读者对语篇进行深层次的理解。学者熊学亮认为，语言使用有两种情况，一种是语言意义的直接解释，另一种是通过推理，从语言意义中获得含义。这就需要读者对已有信息和新信息进行综合分析推理，以获得文章中没有直接说明的信息,如作者的态度、观点、意图等。因此,阅读理解的过程实质上是一个推理的过程。在实际的英语阅读教学过程中,学生可以很容易地理解阅读材料的表层意义,但却不能识别其隐含意义。究其原因,除了语言能力差这一因素外,最关键的还是学生的语用推理能力不强。语用推理涉及信息处理,在推理过程中还应考虑语境因素。

第二节　对英语阅读教学的启示

一、对英语阅读教学中"学习方"的启示

"英语阅读教学语用推理研究"对作为学生的我们有直接的启示。

首先,通过对不同文体、不同文章结构的了解,我们可以提高语用推理能力。通过广泛阅读,我们可以获得丰富的语篇结构知识。这些知识可以帮助我们更好地理解、分析和评价不同的文章。大学英语教学的一个显著特点是学生的阅读量增加,这使得我们进一步接触和了解到了不同的文体和不同的文章结构。这种语言学习环境加深了我们对英语信息的了解,在潜移默化中提高了我们的语用推理能力,从而使我们的英语语言能力有了长足的进步。

其次,我们需要转变阅读观念,提高阅读理解技巧,调整阅读理解策略,从而提高英语语用推理能力。阅读不只是对字、词的理解,我们还应该学会推断性理解、评价性理解和欣赏性理解。阅读实际上是一种交际行为,作者和读者是交际的双方。为了使交际成功,作者需要掌握传递信息的技巧,而读者(或学生)需要掌握领悟信息的技巧和策略。大学英语教学中阅读量的增加使得我们对阅读技巧和策略,如略读、扫读、预测、词汇攻击策略、结

构分析、推测和假设等有了更多的了解。通过加强对技巧和策略的掌握，我们有效地提高了语用推理能力。

最后，我们需要重视语境的作用，提高语言运用能力，从而提高语用推理能力。语篇是语言在特定语境中的具体运用。语境不仅有助于我们确定词义和消除歧义，还有助于我们理解双关、隐喻、讽刺等修辞手法，以及文章的隐含意义。因此，在英语学习过程中，我们应该重视语境的作用，重视语篇的语调、言外之意等，全方位、多层次地理解语篇，从而提高准确、灵活地理解和运用语言的能力。另外，要加强作者和读者之间的沟通，双方需要有相同或相似的思想观念和经历，这些相同点是沟通和交际的基础。通过与作者的心理趋同，我们可以准确理解作者的意图，学会用作者的观点来看世界，用作者的方法来解读语篇。大学三年级的学生在对英语语境的把握和对世界事物的认识上已经比大学一年级的新生强许多，因此，他们的英语语用推理能力已经有了显著提升。

二、对英语阅读教学中"教授方"的启示

传统的英语阅读教学建立在"语法—翻译法"的基础上，这种教学法见物不见人，重技巧不重能力，在一定程度上阻碍了学生阅读理解能力的提高。教师在教学中重视单词、词组和单个句子，却忽略了作者蕴含于单词、词组和句子中的写作意图和篇章主旨，只见树木，不见森林，最终造成了一种见怪不怪的现象，即所有的单词、词组都认识，但仍不明白段落和文章的意思，学生的语篇判断和推理能力不强，影响了学生实际语言能力的提高。因此，语用推理研究在这方面具有以下启示意义：

第一，教师应重视学生语用推理能力的培养。

教师在教学中应适当讲授语用推理的基本理论和基本知识，讲授语用推理的方法和策略，引导学生在阅读材料中寻找信息、分析信息与信息的相互关系，从而对段落和文章作出正确的领会和理解。

第二，教师应重视学生掌握处理语言信息的方法。

阅读理解是一个复杂的过程，成功的交际取决于交际者能够在一个动态语境中寻找到最佳关联，并利用这个关联去进行推理和判断。准确地认识信息，准确地寻找出信息与信息之间的关联，准确而迅速地掌握信息，并掌握对信息作出判断和处理的方法，是英语阅读教学中教师应帮助学生达到的一个重要目标。

第三，教师应重视把握作者和读者之间的相互关系。

作者与读者有着各自的交际目标，即作者的传达信息和读者的领悟信息。同样的信息目标，但在作者的传达和读者的领悟中，两个目标是有差异的，甚至还会出现歧义，这反映在实证研究中，对同一个词、同一语篇、同一年级的不同学生的分值也具有差异性。追求作者的信息传达和读者的信息领悟的一致性，是英语教与学的共同目标。一方面，教师在教学中应当努力激发学生学习的自觉性和主动性，充分发挥学生的想象力和创造力，使学生充分发挥认知主动性，从而在阅读材料时作出准确的判断和推理。在实证研究中，学生面对的是不同于平时教学所使用的计算机及先进的实验软件、实验系统，学生表现出极强的好奇心和极大的学习热情，对信息的领悟程度也优于平时，这对研究的顺利进行起到了积极的促进作用。另一方面，教师应充分明确，在语用推理能力的培养和提高中学生是主要方面，教师应当由传统课堂上知识的传授者转变为辅导者、评价者，教师的主要任务是帮助学生学习及运用阅读、推理策略，同时对学生的学习情况给予评价，从而提高学生独立进行综合概括和推理判断的能力。

语用推理以知识为基础，"实际上是一种填补语义表征和语境之间信息空白的'搭桥'的过程"。因此，要培养学生的语用推理能力，具体可以从帮助学生获取各种知识、构建各种图式，以及结合语境分析句子、识别话语标记语等方面入手。

图式理论认为，人们在理解、吸收信息时，会将输入信息与头脑中的已知图式知识联系起来，当输入信息与头脑中的某个图式相匹配时，就形成了新图式，理解就产生了。在信息的接受、解码、重组和储存过程中，学习者头脑中所储存的图式知识对新知识的吸收和运用起着关键的作用。学生拥有的图式知识越多，理解能力就越强。教师应拓宽学生的知识面，除了要求学生掌握课本知识外，还要增加课外百科知识的阅读量，注重对各种文化背景差异的介绍。看下面两个句子：

（1）It rains cats and dogs.

（2）Don't cross the bridge till you get to it.

这两个句子的词语句法都很简单，但很多人并不明白它们的真正含义，这是因为在大脑中没有构建相应语言的约定俗成的图式。英语用 cats and dogs 表示"滂沱大雨"；句（2）的意思是"不必担心过早"，而不是"直到你到了桥边就跨过去"。由此可见，各种文化背景知识图式对言语的理解起着重要的作用。

如前文所述，语境最基本的功能是它的制约性和解释性。对读者而言，"制约性"表现在读者在理解话语时，只有结合具体语境，才能有效地理解话语含义。语境的"解释性"是指语境对言语活动中某些语言现象的解释和说明能力，它可以解释词汇意义、语法结构和篇章的含义。语境的内容范围很大，它由下列四个因素构成：演绎装置中的记忆内容，即经过逻辑推理而获得的结论或假设；具有综合目的或用途的短期记忆内容；有关世界的百科知识；可以从交际场景中直接获取的信息。

胡壮麟在韩礼德的理论基础上把语境归为三类：语言语境，即篇章内部的环境，或称上下文；情景语境，即篇章产生时周围的情况、事件性质、参与者的关系、时间、地点、方式等；文化语境，即说话人或作者所在的语言社团的历史、文化和风俗人情。话语的理解就是从语境中选择最相关的假设，以便用最小的处理努力来获得最佳的语境效果，从而找到话语与语境假设的最佳关联。因此，教师可从以下两个方面着手激发学生的语用推理能力：非语言语境知识的导入和语言语境知识的导入。非语言语境知识的导入是指教师根据篇章范围让学生理解有关篇章的时间、地点、场合、话题、社会文化背景知识等，以此为理解篇章含义做好准备。教师可以采用灵活多样的教学方法，并根据实际情况采取不同的策略。语言语境知识的导入是指教师要引导学生体会篇章内部的语义联结。语义联结体现在段落与文章中心、段落与段落、句子与段落的中心、句子与句子、词语与词语之间的语义关系上。

下面是摘自《大学英语》第三册里海明威的短篇小说《一天的等待》中的一个例子：

"Why don't you try to sleep? I'll wake you up for the medicine."

"I'd rather stay awake."

After a while he said to me. "You don't have to stay in here with me, Papa, if it bothers you."

"It doesn't bother me."

"No, I mean you don't have to stay if it is going to bother you."

从话语的表层意境来看，读者会以为儿子不愿麻烦父亲留下来陪他。但通过对文中另外一段对话的分析，读者就会清楚儿子的动机。

"Don't think."I said, "just take it easy."

"I am taking it easy," he said and looked straight ahead. He was evidently holding tight onto himself about something. "Take this with water."

"Do you think it will do any good?"

"Of course it will."

"About what time do you think I am going to die?" he asked.

在这里，作者设置的语言语境（上下文）为读者提供了解读篇章的依据。故事中父子对话中的"it"各有所指。"if it is going to bother you"中的 it 指孩子担心自己的病可能会传染给父亲；父亲所说的"take it easy"中的 it 指孩子的流感；而儿子说的"I am taking it easy"中的 it 指即将到来的死亡。作者没有把整个对话的真正含义直接表达出来，而是有意给读者留下一个悬念，促使他们从具体的语言和情景语境中去解读、重构语境，真正理解作者的写作意图。由此可见，人们在言语交际中，离开语境，只通过言语形式本身，说话人往往不能恰当地表达自己的意图。因此想要准确地理解说话人的话语所传递的信息，仅理解言语形式的"字面意思"是不够的，还必须依据当时的语境推测出语言形式的"言外之意"。

语境内容包罗万象，Sperber 和 Wilson 把它归纳为四个方面：①演绎装置中的记忆内容；②具有综合目的的短期记忆内容；③有关世界的百科知识；④可以从交际场景中直接获取的信息。在此基础上，语言学家把语境要素归为三大类：语言语境，即上下文，指篇章内部的环境；情景语境，即篇章提供的关于事件发生的时间、地点、人物、方式、性质等；文化语境，即涉及上述两类假设中相关概念的知识或经验。关联理论认为，语境在推理过程中应视为变量，语境的选择都围绕关联性展开，并以找到话语和语境假设的最佳关联为目标。

养成分析语境的习惯是十分有益的。教师可以有意选择一些比较典型的篇章片段对学生加以训练。对于语言语境知识的导入，教师要侧重训练学生对篇章体裁结构的分析能力，使学生领会语义在语词、句子、段落的联结关系。而对非语言语境知识的导入，教师可以采取多种形式让学生理解有关篇章的时间、地点、事件，以及相关的背景知识等，为理解篇章做好准备。

话语标记语是言语交际中的一种"插入"现象，说话人通过向听话人提供明示的语言标记，引导听话人获取说话人期待的语境假设和语境效果，使听话者无须过多的努力就能获取话语的最佳关联。在阅读理解中，我们可以利用这些标记语的关联性进行推理，如 because 用于连接讲述原因的从句；in other words 和 that is to say 表示将重复刚才所讲的内容，并作进一步的解释；so 和 therefore 表示有如下结果；but 表示否定或消除。话语标记语是说话人对听话人的话语理解加以制约的语言手段之一，它的使用离不开交际主体的语用意识。请看下面的例子：

例（77）：

A: I really dislike the man you introduced me to.

B: He's your new boss.

例（78）：

A: I really dislike the man you introduced me to.

B1: Anyway, he's your new boss.

B2: After all, he's your new boss.

例（77）B 的含义具有不确定性，在不同语境中可以表达多种信息，如警告、建议、劝告等。如果说话人在话语前加上标记，如例（78）B1，听话人的话语理解就必然会受到制约，它隐含了说话人认为对方的厌恶没有根据，因而加以劝阻。同样，例（78）B2加上 after all 以后，该话语的含义就是建议对方不要因为换了一个新上司就不喜欢。由此可见，话语标记语为听话人（读者）寻求话语的最佳关联起到了促进或引导作用。识别话语标记语，一方面可以减少听话人处理话语所需付出的努力，另一方面可以避免误会，促进交谈双方对彼此话语的理解。综上所述，从理论意义上看，以会话原则、关联理论、图式理论指导英语阅读理解，有利于提高英语阅读理解教学的理论水平；从实证研究结果上看，英语阅读理解的语用推理研究，强调了语用推理能力在英语阅读理解中的重要性，了解了英语专业和非英语专业学生在运用语用推理能力方面的差异性；从实践意义上看，开展英语阅读相关的实际教学活动，会使相关理论得到进一步的丰富和完善。

英语语用推理的研究是有价值的，无论是在理论层面还是实践层面，这一研究方向的推导、拓展和实证研究，都有利于我们解读英语阅读教学这一复杂人类活动的心理本质，从而获得对这一心理活动过程的最佳诠释。正因为这种研究具有理论和实践价值，所以对其进行探讨和研究将是有益、有用、有广泛的研究前景的。作为一名大学英语教师，笔者将为此而做更多、更新、更进一步的求索。

第八章　英语阅读教学理论与实践

阅读是人们获取信息的重要手段之一。能够阅读英文原著、查阅英文材料是大多数英语学习者的共同愿望。对我国英语教学来说，阅读教学在整个大学英语教学中具有举足轻重的地位和作用，是全面培养学生综合语言能力、言语交际能力，以及拓宽学生知识面必不可少的一门课程。吴古华说"从长远来看，大量阅读是扩大词汇量的根本途径，是提高口语水平的根本途径之一"。通过阅读，扩大知识面，增加词汇量，在交际时就不会因为知识或词汇贫乏而言不达意，才能在写作时使语言表达更地道、内容更丰富。因此从某种意义上讲，提高阅读能力，是提高听、说、写、译能力的关键。从 Stem 的经典图形（如图8-1所示）来看，阅读教学在第三象限。纵轴的下极表明"读"属于有形语言的范畴，是书面语技能，与"写"天然成对；横轴的左极表明"读"属于接收语言即理解语言的范畴，与"听"同为一类。也就是说，阅读教学的基本特征就是书面语言与理解语言的教学。

图8-1　语言四项技能特征及其相互关系

第一节 英语阅读教学概述

一、英语阅读能力的跨语言迁移

关于阅读能力，认知派认为，读者与文本之间的交互作用可分为三个子过程：解码，指从印刷文字中直接提取语言信息的过程；文本信息建构，指将提取的思想整合起来发现文本意义的过程；情境模型建构，是将组合起来的文本信息与先前知识融合的过程。阅读是否成功，取决于三种能力：视觉信息提取能力、信息的累积与整合能力，以及文本意义与先前知识的统一能力。发展观认为，解码能力和理解能力并不是同时发展起来的，儿童在口头语言的发展过程中积累了语言理解的技能，儿童应能够将口语理解能力迁移到阅读上来。功能理论则认为，阅读目的决定信息加工的方式。卡弗将阅读按照认知复杂程度分为五个"档"，分别用以达到不同的目的。二语读者是一个混合的群体，包括没有任何读写经验的学前儿童、有不同于一语读写经验的学龄儿童、具有或者不具有一语读写能力的成年人等。

二语读者与一语读者的差异在于：首先，二语读者的一语读写经验可在很大程度上促进二语阅读能力的发展；其次，初学阅读的一语读者在接受阅读教学之前就已通过口头交际奠定了基本的语言基础，而二语阅读教学则开始于掌握足够的二语知识之前；再次，一语阅读教学强调解码能力，以帮助学习者将印刷文字与口语词汇联系起来，而二语阅读教学则重视语言基础的建立；最后，一语阅读的信息加工是在单语中进行的，而二语阅读则需要两种语言的参与。

一语在二语阅读中可能起到重要的作用。语言发展研究表明，儿童从很早的时候起就对母语的一些特征产生敏感；实验研究也表明，语言不同，信息加工过程（如词汇识别、句子句法分析和语篇加工）亦有系统差异。跨语言研究方式可以加深我们对二语阅读的理解,因为一语经验可能已牢固地嵌入人们的思维习惯中,由此形成的特殊加工机制会影响二语阅读。

关于阅读技能跨语言迁移的两种理论:一是普遍主义观点;二是语言特异观。前者认为,一语阅读的各种技能都可以迁移到二语阅读中,语言间没有差异。早期这方面的研究主要围绕两个基本问题:一是一语与二语阅读能力之间的关系;二是抑制或者促进阅读技能迁移的条件。但是,跨语言句子加工研究和儿童语言研究均表明,上述观点并非无懈可击,一语特征的条件作用不仅会影响二语习得,还会影响二语加工中使用的认知程序。相反,在跨语言研究的基础上提出的语言特异观则强调文本意义建构所必需的语言加工能力(包括解码、形态分析、句法切分以及语篇加工),认为具有不同一语背景的学习者在二语阅读过程中,采用的是不同的认知策略。

根据连通主义理论,语言习得是内化形式—功能同现概率的过程,语言加工是语言形式(如动词前成分定位、主谓一致等)与相对应的功能(表意的能动性、起因、主题性等)之间映合的过程。因此,形式—功能同现频率越高,连贯越强,被激活的可能性越大,加工也就越容易。上述理论给人们的启示是:语言加工要求读者具有将语言形式映合到对应的功能上的能力;加工能力是与目标语接触经验的累积;形式—功能映合建立起来以后可以自动激活。

二、阅读教学的目的与内容

阅读分三层,即字面阅读,推理阅读和形象阅读。字面阅读是对阅读的最基本要求,推理阅读是指读者能依据文章的细节材料推测出作者的言外之意、弦外之音,即根据字面意思进行必要的推理、推论。形象阅读要求读者能将阅读材料与真实的生活联系起来,特别是与读者自身的经历、知识、观点联系起来。阅读应能激发学生的思维能力、想象能力和创造能力。不同阅读层次的要求,明确了阅读教学的目标和需要训练的内容。

（一）阅读教学的目的

具体来说阅读教学的目的包括：①培养基本的理解技能；②培养真实生活阅读技能；③培养灵活的阅读技能，使学生可以根据不同的阅读目的选择不同的阅读方式；④培养批判性阅读能力；⑤培养自主阅读者，使学生能够自己决定阅读的目的、选择适当的阅读方式、监控阅读的过程、评估阅读的效果；⑥增加学生的语言知识、社会文化知识和阅读知识；⑦减少读者对背景知识的依赖，帮助其掌握词语自动解码的技能。

（二）阅读教学的内容

阅读教学应以培养学生的各种阅读技能为主要内容，包括：①辨认语言符号，猜测陌生词语的意思和用法；②理解概念及文章的隐含意义；③理解句子言语的交际意义及句子之间的关系，并通过衔接词理解文章各部分之间的关系；④辨认语篇指示词语，确定文章语篇的主要观点或主要信息；⑤从支撑细节中理解主题；⑥总结文章的主要信息；⑦培养基本的推理技巧；⑧培养跳读技巧；⑨培养览读技巧；⑩将信息图表化。

第二节　国外阅读教学理论研究

一、图式理论与英语阅读教学

阅读图示理论的建构对阅读理解具有重大影响，同时也影响着阅读速度的快慢、阅读能力的提高。

(一) 图示理论

图式是个体已有的知识结构,它在学习和实验过程中形成于人的思维中。这种知识结构对于个体认识事物起着重要作用。在认识过程中,个体只有将新的刺激与已有的相关知识结合起来,才能理解它。随着现代认知心理学的发展,图式理论也得到了丰富和完善,并广泛应用于阅读、理解等心理过程的研究。在20世纪80年代,现代认知心理学家爱鲁默·哈特进一步充实和发展了图式理论,他认为图式理论是关于人类知识的理论。人的已有知识在大脑中经过整理和内化,形成一种有组织的结构,这种结构就是图式。

在20世纪90年代初,欧麦利对图式进行了更深入的研究,将其视为认知的一部分。他认为图式是信息在长期记忆中的一种存储方式,是由共同主题组成的大型信息结构。图式的范围比命题更广,典型的图式结构是分层次的,信息子集包含于更大范围的概念之中。他们的理论被广泛用于解释图式在语言理解和运用中的作用。图式不仅包含知识本身,还包含有关如何运用这些知识的信息,即图式的启动。在认知过程中,图式的主要作用是解释人的理解过程。为了理解,个体需要将已有图式中的相关知识加入进来,并通过分析、推理、比较、综合等心理过程来解决问题。目前,图式理论已广泛应用于英语阅读、写作、听力训练,以及语言学等学科的研究中,并发挥着重要作用。

(二) 从图示理论到阅读

英语阅读是一种快速而隐秘的认知心理活动,它涉及信息摄取和图式建立。根据认知理论的基本原理,这是一个有意识、积极主动的思维过程。对于具备相关文化知识基础的读者来说,阅读不是机械、被动地理解作者原意的过程,而是具有主动性的创造性思维能力。在阅读过程中,读者综合运用多方面的知识对阅读的材料进行加工,理解文字所传达的信息。同时,读者还会结合自己的兴趣、情感、道德观等,对阅读材料的意义进行推断、评议和鉴赏,创造性地产生新的观点和结论,从而发挥阅读的动态潜力。

目前，学术界流行的阅读模式有以下三种：

第一种模式是"自下而上"。这种模式认为，阅读理解实质上是一个将书面文字转换成口头语言或内部言语的过程。感知过程被认为是低层次的阅读过程，而认知过程则是高层次的阅读过程。阅读首先是从材料中获取文字信息，然后进行语义和语法处理。因此，阅读涉及词的辨认、句子和段落的构建，最终形成语篇。这种模式下的阅读有两个主要任务：一是解码，即将文字转换成语音形式；二是理解，即从解码后的材料中获取意义。

第二种模式是"自上而下"。这种模式认为处理印刷符号的过程是读者试图从语篇中获取意义或对某个单位构建假设的开始。读者先前的知识、认知能力和语言能力在阅读理解过程中起着关键作用。在信息输入大脑之前或之后的短暂时间内，读者开始对材料的意义进行假设。在信息处理过程中，读者的假设会不断被验证、证实或完善。在阅读中，读者比阅读材料本身提供了更多的信息。意义并不完全存在于文章中，读者在阅读过程中将自己已有的知识、经验和观念带入其中，成为不可或缺的组成部分。该模式的基础是有意识地对文章内容进行预测。在阅读中，读者需要通过构建和验证假设的方式进行推理，因此阅读过程是积极的、不断进行推理的过程。

第三种模式是"交叉模式"。这种模式认为意义的获取来自不同的渠道。读者同时并行地从不同层次对文章进行处理。在某一时刻，任何信息来源都可以成为主要的意义来源，而某一信息的利用取决于对其他信息来源的利用。在阅读时，读者需要熟练地将语音知识与视觉信息结合起来，以重新获得作者所要传达的信息。

在这三种模式中，图式理论对"自上而下"模式的影响最为深远。爱鲁默·哈特认为，图式理论是一种关于人类知识的理论。根据图式理论，所有的知识都组成一定的单元，其中包括有关如何运用这些知识的信息。当感觉系统接收到某些信息时，会自动引发一系列低层次的图式活动，而这些低层次的图式活动又能激活更高层次的图式活动。在阅读理解中，人们的图式活动是一个不断肯定、否定、再肯定的评价活动。图式的主要功能是将事物置于整体关系中，这种整体关系建立在对某个部分的认识基础上。

（三）图示理论在英语阅读中的具体应用

根据认知论的图式理论，图式是记忆中的大型信息结构。在阅读过程中，读者会运用图式将文章的内容要点和结构关系以图示的方式展现在大脑中，从而全面理解和认识文章的语篇框架、中心思想和作者的写作意图，而不仅仅停留在词句、语法等层面的字面理解。图式能够调动读者的主观能动性，使其对阅读材料进行积极的预期、核实、修正和扩展，进而激活读者已有的语篇知识，启发读者的创造性思维。英语阅读是一个积极主动的学习过程，也是一个复杂且不断变化的动态过程。每当读者接触到阅读材料中的刺激时，他们会自觉或不自觉地启动相应的图式。这些心理图式经过读者内部心理的整合，不断地被整合为一种常态的反应模式。因此，相对于当前的阅读活动，先前的心理图式成为读者的准备状态，并在阅读过程中发挥重要作用。无论读者是否察觉，这种心理图式在阅读活动中都客观存在。正是由于它的存在，才使得阅读活动能够顺利进行，并展现出丰富的个体差异性和创造性。当阅读材料与读者的图式知识相匹配时，自上而下的模式可以促进两者的同化。当阅读材料提供的刺激与读者的心理图式不匹配时，自上而下的模式可以帮助读者利用原有的图式解决阅读中的困难和问题。

英语阅读是一个极其复杂的信息处理过程。它涉及从对词的感知和理解到获取信息的一系列心理活动，这些心理活动构成了一个具有多种心理反应的认知过程。这个过程无法直接通过眼睛观察到，而读者在其中自觉或不自觉地运用了心理图式。

在这个过程中，读者对视觉输入信息进行处理，激活背景知识，预测未输入视觉的信息，理解输入的信息，推测未明确表达的概念和命题，以及归纳段落和篇章的大意等。所有这些活动都是在运用心理图式的基础上进行的。

1.激活背景知识

英语阅读中的背景知识决定了读者对文章的易读性。读者对一篇文章背景知识的生疏程度,是决定这篇文章易读性的关键因素之一。接触到阅读材料会刺激心理反应,通过这种反应来激活背景知识,建立背景图式,这种背景图式包括语言体系、价值观念、审美观、风俗习惯、科技进步等方面。一个国家、一个民族的文化、风俗习惯、人文地理都是用评议和文字来表达的。可以这样说,评议和文字同时反映了这个民族的文化。英语阅读中运用激活背景图式来扫清阅读中的背景知识障碍,帮助学生理解隐含的主题大意。柯雷尔等(1983)在对内容图式进行阐述时,曾详细说明了文化因素在阅读理解中的重要作用,认为如果阅读者头脑中缺乏原文所涉及的文化内容图式,就会出现理解障碍。如下面这篇阅读理解短文就是一篇典型材料:

One of the greatest mysteries of the world, for which scientists have so far been unable to find a satisfactory explanation, is the Bermuda Triangle, sometimes called "The Graveyard of the Atlantic." This is an area of the western Atlantic between Bermuda and Florida, roughly triangular in shape, where since 1945 at least a hundred ships and planes and over a thousand people have disappeared without any evidence of disaster. It is as if these planes, ships and people had never existed.

为此段设计的问题:

What is the most puzzling feature of incidents that have occurred in the Bermuda Triangle area?

许多读者感到困惑的原因并不在于文字本身,而是涉及社会经验、生活常识以及对"百慕大三角区"背景知识的了解不足。根据社会经验和生活常识,我们认为失事的飞机、轮船等应该能够找到残骸,而人死亡后也应该有尸体存在。然而,在百慕大三角区失踪的飞机、轮船等却没有任何残骸被找到。这种神秘感在读者的思维中形成了一种特殊的百慕大三角区社会文化图式,这种图式又会激活大脑中与该地区特殊背景相关的子图式。因此,读者会形成一种关于百慕大三角区飞机失事、轮船失踪且找不到任何证据(包括残骸)的恐怖而神秘的印象。这就解答了"人们最感到困惑的点"这个问题。找不到灾难发生的证据与我们的社会经验和生活常识不符,正是这种不符合常理的情况，使得百慕大三角区显得神秘而可怕。如果读者缺乏这方面的生活经验，就无法激活背景图式，阅读理解必然会受到阻碍。

2.推测词义

心理图式理论源自实践，并对实践具有指导作用。英语阅读材料由印刷符号组成，而字母符号是语言符号中覆盖最广泛且抽象化程度最高的形式。现代语言学的奠基人索绪尔认为，言语活动是异质的，而语言却是同质的，它是一种符号系统。在这个系统中，符号的两个组成部分都是心理的，即意义和音响形象。

当读者的眼睛接收到阅读材料的信息时，大脑会进行"意义选择"和"意义建立"的活动。"意义选择"是一个相对自发的理解过程，它从读者的大脑字典中检索一般的意义。而"意义建立"则是一个努力建立新意义的过程。当读者选择词义时，如果作者所表达的是常见的词义，"意义选择"就是理解材料最快、最有效的过程。然而，当作者所指的意义不是常见的词义时，仅仅使用"意义选择"可能会导致对词义产生误解。此时，必须使用"意义建立"来推测词义。这种推测是基于阅读材料信息建立的心理图式。

推测是阅读理解的核心，也是我们理解周围世界及口语、书面语的基础。阅读依赖于预测。在阅读中会遇到很多不确定的东西。词意推测的心理图式是依赖于大脑中已储存的语义、语法、词意和阅读材料中的线索（信息）来建立的。如：

Mother was tall and fat, and middle aged. The head of the school was an old woman, almost as plump as mother, but much shorter.

如果说他们无法确定 plump 的词意，就无法理解句意。仔细分析句子，我们可以利用句子中上下文线索、文中同义词和已储备的词汇，迅速建立起一个推测心理图式来进行"意义建立"，进而推测 plump 与 fat 同义。

3.提炼主题

英语阅读过程可以分为略读、寻读和细读三个阶段。从文字输入开始，读者的大脑开始确定该材料属于某种文章图式，并运用各种知识，如话语知识（包括存取各种图式的能力）、读者相关的知识和社会语言规则等，来选择涉及各个方面的知识和相关的图式，以提炼文章的主题和掌握篇章结构。

任何一篇阅读材料都有一个主题思想和框架结构。读者不应满足于理解单个词语所表达的字面含义，还应该提炼和归纳主题思想，分析篇章结构。心理图式活动是进行这些工作的重要思维方式。它是一个不断肯定、扬弃、再肯定的评价活动。在这个评价活动中，来自语法、语义、词汇、文中线索等渠道的信息都汇聚到大脑的信息中心，形成理解网络图式。这些图式中的信息在大脑中展开较大范围和多层次的检索。一旦涉及主题和篇章结构的某个点被激活，其他相关的内容也会相继激活。此时，读者将闪现在脑海中的这些信息进行归纳、核实和修正，从而对主题思想和篇章结构有了清晰的理解。如：

Most American children eat potatoes everyday. But many children don't know which part of the potato is best for food. Take a sharp knife and cut from the middle of the potato slice as thin as paper. Hold the slice between your eyes and the light. You will see that the potato has a skin, and an inside part. The outside rim, which is immediately beneath the skin of the potato is the most valuable part of all. This is often thrown away with the skin; even the skin itself is better for food than the inside.

When eating a baked potato, if you scoop out the inside and leave the outside, you are wasting the best part of it. If you cannot eat the whole potato, eat the outside rim and leave the inside.

此段设计了"The best title for the passage is…"这样的问题。这个问题实际上是考察读者在阅读理解中总结归纳文章内容的能力。可以看出，短文是一篇描写性的文章，在阅读时，要通过理解、分析全文，区分主要信息和次要信息，然后根据主要信息和次要信息建立起大脑中的理解图式，从而能够归纳出主题思想，此段的主题应该是"How to eat potatoes"。

4.分析判断

"阅读是一种心理语言的猜测游戏",这句名言表达了有效率的阅读不是精确地感知和辨识所有语言成分的结果,而是选择能力的结果。这种选择能力使读者能够选择最少但最有用的线索。

从图式理论的角度来看,英语阅读过程可以看作是由推测、选择、检验、证实等一系列认知活动构成的。一旦图式被激活,它的所有信息都可以参与理解的过程。图式首先对阅读中的各个部分进行推测,然后从众多的图式中选择认为最合适的部分进行相互交流。如果某个信息被证明是错误的选择,它就会被放弃,图式将重新选择。

在英语阅读过程中,图式的选择作用体现在信息的提取上。一旦理解完成,图式的选择作用则体现在对信息的加工和储存上。一旦某个图式被激活,它会为信息的加工和储存提供一个框架。然而,并非所有的信息都能被图式吸收和储存起来,只有符合读者心理图式的信息才容易被组织起来获得巩固的记忆,并成为图式的有机组成部分。请看下面这篇典型材料:

Athens and Sparta were the two most advanced Greek cities of the Hellenic period (750～338 B.C).Both had a city-state type of government and both took slaves from the peoples they conquered. However, the differences outweigh the similarities in these two ancient civilizations. Sparta was hostile, warlike (constantly fighting neighboring cities), and military, while Athens catered more towards a democratic and cultural way of life. The latter city left its mark in the fields of art, literature, philosophy and science, while the former passed on its totalitarianism and superior military tradition. The present system of a well-rounded education followed in the United States is based on the ancient Athenian idea. The Sparta system, on the other hand, was conquered only through military education.

这是一篇讲述 Athens 和 Sparta 两个城市是古希腊时期最先进的城市的文章,文章分述了Athens 和 Sparta各自的先进方面。我们在阅读中就会建立起短文的信息图式，以解答阅读中的问题。如果我们设计出对短文判断的题目为：

以下选项中正确的是？

A. It can be inferred from this reading that Athens and Sparta were friendly with each other.

B. Athens was attacked by other warlike nations.

C. Athens never fought other people.

D. The Athenian culture made a great impression on the world.

这个题目相对来说就比较难。但根据阅读时大脑中建立的信息图式，我们可以推理判断。我们选择 A 也许正确，但文中没有依据。而通过文中第 2 句"both cities took slaves from the people they conquered"推断，Athens 虽不好战，却也通过武力征服他人为奴，选择 C 也不对。如果选 B 也没有多少依据。那么唯一正确的选择只能是 D 了。因为文中第五句"The latter left its marks"激活了我们大脑中的信息图式，根据文中其他信息，我们便可作出这一肯定。随着认知心理学和英语语言学的发展，图式理论在英语阅读中的运用将越来越多，人们对它的研究也将更加深入。

二、评价理论与深层阅读

评价理论是从20世纪90年代发展起来的，它是对功能语言学人际意义框架的扩展。霍斯顿和汤普指出评价系统具有以下功能：表达作者或说话者的观点并且反映其所在社会、地区的价值观念系统；建立并保持交际双方的关系；构建语篇的功能。这和韩礼德（2000）提出的语言的三个元功能理论相一致，即概念功能、人际功能和语篇功能。评价理论特别关注语篇中的评价性资源，对深层阅读具有重要的启示作用。

（一）评价理论

评价理论关注作者（说话者）对人物、地点、事物、事件、现象等的肯定或否定态度，以及如何表达自己的态度和立场。评价理论将评价性资源按语义分为三个方面：态度、介入和级差。态度是评价系统的核心，它包括情感、裁决和鉴赏三个子系统。

态度是评论者从情感感受、伦理道德、社会规范、美学和社会价值等方面表达对被评价对象的感受和评价。态度可以分级，用来表达不同程度的评价意义。情感子系统涉及评论者的情感体验和情感反应，裁决子系统涉及评论者对被评价对象的评判和判断，鉴赏子系统涉及评论者对被评价对象的欣赏和评价。

介入是指一系列用来衡量说话人的声音和语篇中各种命题和主张之间关系的资源。介入可以分为自言和借言。自言是评论者直接表达自己的观点和立场，借言是评论者通过引用他人的观点来表达自己的态度和立场。

级差是指提高或降低态度介入程度的强度，以及突出或模糊介入态度范畴的界限。它是评价系统中表现话语语气强弱和语言鲜明或模糊程度的语言资源。

评价系统的这些方面共同构成了评价性资源的语义分类，它们在语篇中起着重要的作用，可以帮助读者理解作者的态度、立场和情感，并揭示评价所涉及的伦理、美学和社会价值观。

1.态度系统

态度系统分为三个子系统：情感系统、裁决系统和鉴赏系统。

情感系统是对行为、文本和现象的心理反应。它包括"品质"情感、"过程"情感和"评注"情感。其中，"品质"情感通过使用表达品质的词汇或短语来表达情感，"过程"情感通过使用小句来表达情感，"评注"情感通过使用表达品质的副词或情态状语来表达情感。

裁决系统根据伦理道德标准评价语言使用者的行为。裁决分为社会认可和社会尊严两类。社会认可主要涉及法律、道德等方面的评价，而社会尊严则是指社区对个人的评价和褒贬，但没有法律和道德上的含义。社会认可和社会尊严都可以有正面和负面的评价。

鉴赏系统是对美学范畴的评价，主要涉及对自然物体、人造物体、文本和更抽象的结构的评价。鉴赏系统同样可以有正面和负面的评价。

这些子系统共同构成了态度系统，帮助语言使用者表达对人物、地点、事物、事件和现象的态度，并反映他们的情感、伦理道德观和美学价值观。

2.介入系统

语言使用者通过介入系统来调节对所说或所写内容的责任和义务。介入手段包括投射、模糊词语和情态等，用于评判语言使用者是否在承担责任。

投射是一种介入手段，用于表达语言使用者对所说或所写内容的确定性程度。通过使用明确的语言表达，语言使用者可以投射出对内容的确定态度，承担更大的责任。

模糊词语是另一种介入手段，用于模糊或减轻语言使用者对所说或所写内容的责任。通过使用模糊的词语或表达方式，语言使用者可以降低对内容的确定性，减少自己的责任感。

情态是介入手段的一种形式，用于表达语言使用者对所说或所写内容的可能性、必要性或推测性。通过使用情态动词或其他情态表达方式，语言使用者可以调节对内容的责任和义务。

这些介入手段帮助语言使用者在表达中调整自己对内容的态度和责任感，以适应不同的语境和沟通需求。

3.级差系统

级差系统是对态度介入程度的分级资源，包括语势和聚焦两个子系统。其中，语势调节可分级的态度范畴的力度，如强势和弱势。聚焦把不能分级的态度范畴分级。聚焦分为明显和模糊。

（二）评价理论与阅读理解

英语阅读是一种书面语言交际活动，作为一种领会式技能，是获取语言知识的重要渠道。罗森布拉特（1994）认为阅读理解可以分为四个层次：

字面性理解：读者仅仅理解文章的字面意思；

推断性理解：即对文章内容进行分析、归纳和逻辑判断，并运用自己所学的知识，从字里行间推断出作者的隐含意义；

评价性理解：读者根据文章的内容和自身评估原则对文章进行分析和评估；

欣赏性理解：指对文章的思想内容和写作技巧方面的感受、鉴别和欣赏。

在这四个层次中，评价性理解和欣赏性理解同为阅读理解的最高层次，需要在了解基本内容的基础上进一步对文章进行整体分析与评价。

从传统上看，英语教学更注重传授语言知识，将阅读视为读者通过词汇、语法知识解码来理解语篇字面意义的过程。这导致学生在英语阅读中往往忽视了语篇中作者的态度和评价性资源。然而，任何一个语篇都同时具有传递信息和构建人际关系的功能。如果我们只关注语篇的局部意义，而忽视了其更重要的人际功能，我们的理解必然是片面的。

我们习惯将语言交流，尤其是书面形式的语言交流，看作一种自我表达、交流者内在思想的外化，或信息持有者向信息缺乏者提供信息的过程。然而，系统功能语言学对人际意义的研究以及对评价理论的拓展使我们认识到这种观点是狭隘的甚至是错误的，因为语言交流应该建立在人与人之间互动的基础上。因此，话语，即使是独白或书面文本，也不是孤立的，在某种程度上是作者和读者之间的一种对话，并借助对话和读者结成同盟。

语言作为人类交际的工具，是交流信息和表达情感的有效媒介。语篇中的评价是说话者或写作者对有关事件、人物以及话语所持有的态度、立场、观点和情感。通过分析语篇的评价手段，我们可以揭示作者的主观倾向性，探究其价值取向和态度立场。语言也是文化的产物，必然传递着特定文化所认同的意识形态和价值取向。评价的目的是进行价值判断，在多元的价值取向中作出理性的选择。

因此，在英语阅读中，我们应该提倡批评性阅读，边读边评价。通过应用评价理论，培养我们对作品的批判性思维，选择适合自己的价值定位。通过评价好的作品,我们可以培养对文学和艺术价值的鉴赏能力。然而,培养正确评价和分析作品的能力需要时间和实践,因此我们应该在英语阅读中持之以恒,逐步培养这种能力,以取得良好的效果。

三、批评性语篇分析与批评性阅读

批评性语篇分析的目标是通过对表面语言形式进行分析,从语言学、社会学和心理学的角度揭示语言、权力和意识形态之间的关系。它研究语篇对意识形态的反作用,以及二者如何与社会结构和权力关系相互关联,并为其服务。

通过批评性语篇分析,我们可以深入探讨语言使用的背后动机和目的,揭示语言背后的权力结构和意识形态对语言的影响。这种分析方法关注语言中的权力关系、隐含的意义和社会背景,以揭示社会和政治力量如何通过语言来塑造和维持特定的意识形态。

批评性语篇分析的一个重要目标是揭示语言使用者如何通过语篇来表达和巩固特定的权力关系和社会结构。它关注语言中的权力斗争、话语权和话语权力的分配,以及这些权力关系如何通过语篇来体现和维持。

总之,批评性语篇分析通过对语言形式和背后的权力关系进行深入研究,帮助我们理解语言、权力和意识形态之间的相互作用,以及它们如何与社会结构和权力关系相互联系。

(一)批评性语篇分析

批评性语篇分析(Critical Discourse Analysis,简称 CDA)是 20 世纪 70 年代末 80 年代初兴起于西欧的一种语言学思潮,是在批评语言学理论基础上建立起来的一种语篇分析模式。《语言和控制》(*Language and Control*)首次提出了"批评语言学"这一概念和批评语言学的语篇分析方法,从此揭开了批评性语篇分析研究的序幕。

近些年来，批评性语篇分析不断发展，研究和实践的队伍不断壮大，有关著述不断增多，并且出现了国际性的刊物与地区性的合作研究项目。如荷兰语言学家冯·戴伊克主编的 *Discourse and Society* 就以批评语篇分析研究为重点；欧洲联盟和欧洲自由贸易区专门设有伊拉斯莫批评语篇分析学术交流项目。CDA 的主要代表人物有费尔克拉夫、福勒、霍奇等，成就比较突出的当数英国当代语言学家费尔克拉夫，他自 20 世纪 80 年代初涉足 CDA，撰写了 *Language and Power*、*Discourse and Social Change*、*Media Discourse*、*Critical Discourse Analysis*、*Discourse in Late Modernity-Rethinking Critical Discourse Analysis* 等专著及一大批相关的论文。

（二）批评性语篇分析的主要方法

批评性语篇分析本质上以语言学分析方法为基础，在语言层面的分析主要采用韩礼德的系统功能语法理论。

韩礼德关于语言的系统功能理论本质上具有社会符号学的功能。他认为语言不仅是构成社会文化的一个符号系统，而且具有体现社会文化许多其他符号系统的作用。因此，只有将语言置于社会文化环境中，它的本质才能得到体现。

系统功能语言学以语义而不是句法为基础，这种语言观符合批评语言学家关于意识形态服务于权力和语言服务于意识形态的思想。

韩礼德的系统功能语法尤其是他关于语言三大元功能的论述，为批评性语篇分析提供了具体的方法。

批评性语篇分析是工具语言学的一个领域，它涉及对语言进行研究以理解其他事物（如社会制度）。语言具有无限可能性的功能，可以分为三个主要语言元功能：概念功能、人际功能和语篇功能。

概念功能是指语言用于表达说话者的内部经验与外界事物之间逻辑关系的功能。这一功能主要通过及物性系统来实现，该系统将现实世界中的行为和感知描述为不同类型的过程，并指明参与者和环境成分。在语言中，同一过程可以用不同类型的过程来描述，或者使用同一过程但变换参与者的位置来描述。选择哪种过程以及如何安排参与者的位置在很大程度上取决于语篇生成者的社会经历和意识形态。

人际功能是指语言用于表达作者（讲话者）身份、地位、态度、动机以及对事物的推断的功能。它直接与态度、观点等相关，是一种展示意识形态作用的方式。例如，对不同人使用不同的称谓反映了作者（讲话者）的态度，如尊敬、同情、鄙夷、友好、中立等。情态是人际功能的一种表现形式，主观情态反映了语篇生成者与陈述之间的亲近程度，而客观情态则模糊了个体与团体的观点。

语篇功能是指语言将其本身与使用者所处情景环境联系起来的功能。这一功能主要通过主述位系统和信息结构来实现。新旧信息的给定本身就意味着语篇生成者和解释者对新旧信息的了解程度。根据语篇的具体特征，我们可以有选择地分析及物性、情态、转换等蕴含的意识形态，从而揭示语言并不像以往某些语言学家宣称的那样是一种客观透明的传播媒介。特别是在一些貌似客观公正的新闻语篇中，报道者往往以各种方式介入，有意无意地以自己的观点影响读者对事实真相的判断。

批评性语篇分析将语言系统视为一种选择性系统，其中包括及物性、情态、分类等。选择是首要的，语言结构是选择的结果，而语义则是在一定的历史和社会语境下进行的选择。在写作过程中，相同的内容可以有多种不同的表达方式以供选择，每个作者的选择往往不同。对于相关内容，作者也可以选择有利于自身需求的材料来组织语篇。批评性语篇分析的重点不仅在于篇章本身，还在于分析和研究语篇的历史和社会语境，这可以说是更加重要的。

批评性语篇分析是一种解释性而非描写性的方法，其分析方法基于语篇作为社会行为形式的理解。具体而言，它分析语篇的结构特征，并将这种分析与语篇生成的技巧和过程联系起来。常用的方法之一来自系统功能语法，包括名物化、被动化、原话引述和间接引述等。

名物化是指使用名词性短语来代替本应使用动词性结构或句子来表示的

事件，从而使动作或过程名物化。名物化通过删除情态成分、施事者以及模糊时间概念等，创造出一种客观和非人格化的效果，从而产生语法隐喻。被动化的使用也能达到与名物化类似的效果。这两种手法在掩盖施事者方面通常是最有效的。引述的选择也是语篇权力的选择。作者在语篇中引述哪一方的话语，就给予了哪一方更多的语篇权力。一般来说，作者往往只选择他认为可信的话语，而读者的知情权很大程度上受到作者这种选择的影响。作者给予哪一方更大的发言空间，往往可以反映出作者本人的意识形态。

批评性语篇分析将语言分析理论和社会分析理论结合在一起，充分发挥语篇对社会的建构作用。它不仅侧重于语篇和语篇分析，还重视那些至关重要的社会因素。实际上，它凸显了语言中人们常常忽视的权力关系和意识形态过程。批评性语篇分析注重从社会制度和社会构成这一更深层次中寻求解释语篇的原因。虽然它还不能被称为一种全新的语言研究流派，但它代表了一种新的语言研究视角，很可能孕育一种新的语言理论。作为一种语言分析方法，批评性语篇分析方法已被许多社会科学领域采用。

（三）奥巴马获胜演讲分析

在2008年11月4日举行的美国总统选举中，美国民主党总统候选人贝拉克·奥巴马击败共和党对手约翰·麦凯恩，当选第56届美国总统，成为美国历史上首位非洲裔总统。这里以他当晚发表的获胜演讲为语料，在批评话语分析理论框架下，根据语篇的具体特征，选择性地分析人称代词、情态及语篇等的功能寓意。

1.情态功能

情态是指发话者对所述命题的成功性或有效性进行判断，或在命令中要求对方承担义务，或在提议中表达个人意愿。奥巴马的获胜演讲全文共有1,962个单词，其中情态动词有48个，约占全篇词汇的2.5%。

根据系统功能语言学的观点，人们在交际过程中除了表达肯定和否定的两极之外，还存在介于两者之间的可能性，即所谓的"中间状态"或"情态"。情态反映了说话人对某个命题或提议的态度、看法，表现了说话人的意愿或判断。情态本身也存在等级差异。情态量值在情态操作词上表现得最为明显。通过区分情态的高、中、低量值，我们可以了解说话者语气的轻重。当否定词在命题和情态之间转换时，情态的高、低量值会发生逆转。在表达相对肯定的态度时，使用高量值的情态动词，反之则使用低量值的情态动词。

在奥巴马的演讲中，他最常使用的是中情态动词，共有23个，约占全文情态动词的48%；其次是高情态动词，共有11个，约占全文情态动词的23%；低情态动词共有14个，约占全文情态动词的29%。由于这是一次竞选获胜演讲，奥巴马并不需要使用过于激烈的情态动词，他只需陈述自己的理念，并指出未来的努力方向。中情态动词的使用可以使他的主张不带有强制色彩，容易被听众接受，也可以避免遭到听众的批评和质疑。值得注意的是，在中情态词中，"will"是演讲稿中使用最频繁的情态动词，共出现了18次，约占所有情态动词的37.5%。"will"表示预测，可分为特定性预测、习惯性预测和无时限预测。"will"用于第一人称后时，表示决心。通过对"will"出现的语境进行分析，我们发现：在第14段中，"will"用于描述未来任务的艰巨性；而在第15段中，"will"多用于描述新总统对美国民众的承诺。这反映了奥巴马对未来的主观判断，以此来影响听众，让他们感受到美国今后的任务十分艰巨，从而认识到支持新总统的工作十分必要。

在这篇演讲中，奥巴马也使用了高情态动词"must"，共出现了4次，来表达他的主观意愿，强调美国可以而且必须取得成功，以此迎合美国民众的心理，拉近与民众的距离。同时，"must"也传达了一种强制的态度，进一步凸显了总统话语权的权威性。

2.人称代词功能

人际功能是指能够表达演讲者的身份、地位、态度、动机以及对事物的推断的能力。人称代词在人际功能中的应用非常广泛。

根据比尔德的观点，政治家和他们的撰稿人在演讲中使用何种代词需要经过深思熟虑。他们需要考虑自己愿意承担多大的责任、成功后同事是否愿意分担责任、对公众接受他们观点的信心有多大，以及失败后准备承担多少责任。所有这些功能都需要通过代词来实现。

在奥巴马的获胜演讲中，人称代词的使用情况如下：第一人称单数代词使用了31次，复数代词使用了86次；第二人称代词使用了16次；第三人称单数代词使用了6次，复数代词使用了19次。

值得注意的是，"we"出现了47次，"us"出现了12次，"our"出现了27次，这三个词语总计出现了86次，而"I""me""my"总计仅出现了31次。此外，"he"出现了2次，用来指代竞选对手麦凯恩，"she"出现了4次，指的是安妮·尼克松·古博（一位106岁的老人，见证了美国的发展）。另外，"they""them""their"总计出现了19次。

通过分析演讲稿，我们可以发现，一方面，"you"和"your"的使用使民众感觉自己就是被指代的对象，不自觉地与新总统进行对话，从而拉近了民众与总统之间的距离。当演讲者用"we"代替"I"时，可以营造出友好的氛围，让民众感觉更亲近。另一方面，人们对即将上任的新一届总统抱有很高的期望，希望他能够解决能源危机、修复与许多国家的关系，并将美国从经济危机中拯救出来。奥巴马通过将"we"与"I"进行置换，达到了"前方的道路仍然漫长而艰辛，我需要你们的参与"的效果，从而树立了一个锐意改革、以美国人民为中心的新一代美国领导人形象。

3.语篇功能

在批评性话语分析框架下，语篇被视为社会实践的一种方式，其分析强调社会和文化语境。除了关注语篇的组织结构，批评性话语分析还注重语篇的内容，包括存在和缺失的信息。存在的信息可以明确地表达出来，也可以隐藏在字里行间，因此所有的语篇都是明示和暗含信息的统一体。

预设是表达暗含信息的一种手段，它蕴含发话人没有明确表达的信息和命题。虽然预设不是直接断言，但它包含了说话人在说出某句话之前所做的假设,并悄悄地将这些假设转化为目的信息传达给读者。

在批评性话语分析中,预设的分析非常重要。通过揭示预设,我们可以更好地理解语篇中的暗含信息和说话人的意图。预设可以通过语言的选择、隐喻、暗示等方式进行传达,涉及社会、文化、政治、性别等方面的观念和假设,对理解和解读语篇中的隐含意义至关重要。

因此,在批评性话语分析中,我们需要关注语篇中存在的信息以及通过预设传达的暗含信息。这样可以帮助我们更全面地理解语篇,并揭示其中的权力关系、意识形态和隐含偏见等。奥巴马演讲时运用了很多预设,例如第一段:

If there is anyone out there who still doubts that America is a place where all things are possible ; who still wonders if the dream of our founders is alive in our time ; who still questions the power of our democracy, tonight is your answer.

这一段阐述了这次总统大选的意义,蕴含:"在美国凡事皆有可能,美国奠基者的梦想依然鲜活;美国有着强大的民主力量,都体现在我今晚的当选上"。

奥巴马的这篇演讲稿常在连续几段的开头或末尾重复某个短语或句子,打造层层递进的气势。例如在演讲稿开头第一段的结尾和第二、三、四段的开头都使用了"it's the answer",来证明"我今晚的当选"的意义;同时,"Yes we can"这个句子出现了7次,最后一次以大写的形式作为演讲稿的结尾,使演讲产生强烈的感情效应,形成层层递进的气势,意在点燃公众心中的激情和希望。

奥巴马在获胜演讲的最后一段提出了一系列抽象的任务,包括重新就业、为后代敞开机会之门、恢复繁荣发展、推进和平事业、让"美国梦"重新焕发光芒,并强调了"我们是一家人"的真理。与之前的竞选演讲相比,这些任务确实更加抽象,不容易界定。作为新总统,奥巴马不可避免地需要控制信息的传递,既包括数量上的控制,也包括质量上的控制。在语篇上,他可能通过省略所指的方式来转移民众的注意力。

通过对奥巴马获胜演讲进行分析，我们可以看出他采用了多种语言策略，成功地树立了一个能够为美国带来"变革"希望的新一代美国领导人形象。

总的来说，批评性话语分析将语篇及描述的事物与它们出现的社会生活场景联系起来，通过语言分析揭示话语或语篇中含而不露的意识形态意义，以及它们与社会结构和权力控制的关系。这为我们解读政治语篇提供了新的分析方法和思路。

批评性话语分析对语言教学也有重要的启示。语言教学不能仅将语言视为纯粹的信息传递工具，还应重视其介入社会的过程，对政治、经济和社会生活的意识形态作用。因此，我们需要培养学生的批评性语言意识，增强他们对权势和意识形态的敏感性以及对语篇的反控制意识，提高他们的批评性阅读能力和批评性分析能力。

四、关联理论与英语阅读教学

（一）关联理论概述

"关联理论"最早是由斯珀伯和威尔逊在1986年出版的《关联性：交际与认知》一书中提出来的，它是在格莱斯会话含义原理的基础上发展而来的一个具体的心理认知模式，它分析了话语产生和理解的具体机制。根据斯珀伯和威尔逊的理解，人类交际活动也是一种认知行为，其实施的基础在于交际活动中的话语具有某些关联性。而关联离不开根据上下文语境产生的效果。此外，在关联理论中，推理是必不可少的核心环节。据斯珀伯和威尔逊所言，人们理解交际中的语言时，其实际上经历了一个由示意到推理的认知心理过程，其中示意包含明示和暗示两种方式。当人们在进行言语交际的时候，说话者要明确或含蓄地向听话者提供具有最大关联性的信息，以便听话者能够选择并理解这些信息。一般来说，听话者会选择关联度最高的信息进行假设推理，以期获得对说话者意图的最准确理解。

说话者在交际中使用明示和暗示的方式，旨在引导听话者对信息进行推理和理解。明示是直接表达意思，通过明确的语言表达来传达信息。暗示则是通过间接的语言表达、隐喻、暗示等方式来传递信息，需要听话者进行更深层次的推理和理解。

通过选择关联度最高的信息进行假设推理，听话者可以更好地理解说话者的意图和信息。这种推理过程涉及对语境、前文、语言选择等方面的综合考虑，以获得对说话者意图的最准确理解。

因此，在语言交际中，说话者的明示和暗示以及听话者的假设推理是实现有效言语交际和理解的重要因素。通过关注关联性信息和进行推理，人们可以更好地理解和解读他人的意图和信息，从而实现成功的交际。

应该说，关联理论在国外自提出之日就成为语言学界热议的一个话题，但我国对其研究还不够，尤其缺乏实践性的研究案例。因此，我们必须加强对关联理论的研究并用于实践，做到理论与实践相结合。总的来说，关联理论是对格莱斯的会话原理的继承与发展，它从认知学的角度提出，人类的言语交际是一个复杂的心理认知过程，在理解话语的时候，必须借助一定的推理和假设来进行话语意图的推论，并新增了基于语境原理的关联原则。由此可见，关联理论是语用学的一个新概念，往往用来解释单纯的语用理论难以解释的一些语用现象，弥补了先前语用理论过于笼统和随性的缺陷，并逐渐发展成为一门严谨、科学、系统的语言学理论。而英语阅读从某种意义上来讲，也属于交际活动，只不过属于作者与读者之间的无声交际行为，由于作者写作的时候要运用关联原则，读者在阅读的时候也要遵循关联原则，否则，作者与读者之间就无法成功地进行语言认知与交际行为。

（二）关联理论与英语阅读之间的联系

关联理论认为，人们之间的交际需要以关联原则作为认知的基础，才能最终成功完成交际。关联原则包括两个阶段的原则：第一原则，也称为认知原则，要求说话者尽力使自己的话语具有最大关联性；第二原则，即交际原则，在第一原则的基础上，使得人们在交际过程中对话语的理解最大程度地接近最佳关联。

英语阅读理解过程也是一种心理认知过程，虽然形式上比较特殊，但它仍然是作者与读者之间使用书面语言文字进行交际的一种方式。作者在写作时仍然希望向读者传递具有最佳关联性的信息，而读者必须顺利理解文章中上下文提供的信息，通过一定的处理努力来获得最佳关联性，从而正确理解文章内容，成功实现交际。

尽管英语阅读理解与口语交际不同，但作者与读者之间的交际仍然存在一定的困难。如果作者传达的关联性无法被读者理解，阅读理解就会变得复杂，甚至导致读者误解文章意思，造成交际的失败。

因此，从关联理论的框架来看，英语阅读绝对是一个互动交际的过程，只是交际成功具有更大的困难。只有当作者与读者之间真正实现互动性，读者能够顺利找到理解文章的最佳语境和关联性，英语阅读理解才能算是真正成功。

在英语阅读中，关联理论的推理过程也是必要的。因为任何一段文本都包含言内之意和言外之意，读者要成功把握两者之间的关联，必须通过推理判断来完成，从而实现作者与读者之间的互动交际。

因此，关联理论对于英语阅读理解具有重要的促进作用。教会学生关联理论可以帮助他们发现在英语阅读理解中存在的问题，并用关联理论来分析和解决这些问题，从而提高大学英语阅读教学的水平。

（三）关联理论应用于大学英语阅读教学的有效途径

通过对关联理论的介绍，以及对关联理论与英语阅读之间关系进行剖析，我们清楚地看到，关联理论对大学英语阅读理解中的读者认知过程具有较强的解释作用。那么，英语教师应如何把关联理论有效运用到大学英语阅读教学当中，从而提高学生阅读能力呢？应从以下几方面入手：

教师在教学中应运用关联理论来帮助学生更好地理解阅读语篇中的词汇含义，以消除阅读过程中对词义的误解。这是因为许多单词的意思不能简单地按照词典解释，而是需要结合语篇的上下文来理解其最佳含义。必要时，还需要根据语境进行假设和推断，以获得最准确的语境含义。在实际阅读过程中，学生往往习惯于全篇通读文章，这不仅浪费时间，还会在理解某些多义词或歧义词上遇到困难，严重影响阅读理解的效率和效果。针对这种情况，教师应该教会学生运用关联理论来理解阅读文章中的词汇含义，要求其不仅理解表面意思，还要能够推断出其中隐含的意义，这样才能真正提高学生的阅读能力。因此，通过关联理论来帮助学生掌握更多的词汇，是非常必要的。

由于英语阅读是作者与读者之间的互动交际行为，因此，教师不能仅从读者的角度考虑，还应从作者写作的角度来讲解阅读。教师可以首先介绍文章的体裁风格，帮助学生建立一定的语篇图式结构，从而准确地理解语篇。在讲解文章段落时，教师应明确告诉学生，一个好的语篇具有明确的目的性，是为一个主题服务的。因此，教师应引导学生学会寻找文章的主题句，并引导学生分析句与句之间的关系，了解哪些句子是中心句，哪些是补充说明型的句子，从而教导学生通过关联理论来获得对文章的最佳理解。

英语阅读是一种跨文化的交际形式，教师在教授学生关联理论时，必须考虑到这一点。教师需要填补不同文化背景下交际双方的认知盲点，增进彼此间的互动关系，达成认知共识，并不断丰富学生的跨文化知识。为此，教师应该提供大量的跨文化背景知识，如作者的人生经历和民族特色等，以帮助学生更全面、更深入地理解文章。

此外，教师还应该鼓励学生自主开展课外阅读，增加他们的课外知识储备，培养他们对不同语境的语感。通过在头脑中建立较为系统的认知结构，学生可以在关联理论的指导下，对各种语境作出准确的判断。

在英语阅读教学中，教师还应有意识地培养学生的推理、分析和理解能力，使他们能够运用关联理论来重构自己原有的知识体系，并结合不同的语境进行推理。为了实现这一目标，教师需要提供更多的讨论和辩论机会，让学生学会自我思考、自我判断，充分培养他们的推理能力。这样，学生就能在不断的自我思考和判断过程中充分发挥主动性和学习能动性，激发他们的学习兴趣和热情，从而在积极的阅读氛围中提高阅读理解能力。

教师可以根据20世纪80年代提出的"窄式阅读理论"将关联理论运用到英语阅读教学中。窄式阅读主张阅读同一主题、同一作者或同一体裁的作品。将这两种理论有机结合起来，可以给大学英语阅读带来令人惊喜的效果。具体操作如下：教师可以选择适当的阅读文章，然后对其进行分类讲解。可以选择相同主题的文章，帮助学生从不同角度理解同类问题；还可以选择相同作者的文章，帮助学生理解作者的不同写作风格，以便在以后遇到同一作者的文章时，能够快速判断该作者文章的大致理解方向。

总之，关联理论对大学英语阅读理解具有良好的促进作用。因此，英语教师应该有意识地将关联理论应用于英语阅读教学中，使学生不仅能掌握必要的关联理论知识，还能将其运用于阅读实践中。这样，学生在阅读这个相对复杂的心理认知过程中，能够运用关联理论来阅读文章，提高阅读理解能力，并通过阅读增加词汇量，提升英语语感。

五、阅读模式理论与英语阅读教学

（一）阅读模式理论概述

阅读理解是指读者从阅读材料中获取信息、认识和理解语言符号的过程。其目的在于通过识别文章中的词汇，理解篇章所传递的信息和所要表达的意义。阅读理解是学习者学习知识和发展智力的基础和前提，同时也是人类信息传递的主要途径。没有阅读理解，就无法对知识理论进行系统掌握和应用。在英语阅读教学中，必须首先认识和了解阅读过程，才能有效培养和提高学习者的阅读理解能力。因此，对阅读理解策略的研究和应用早已引起人们的关注。

在20世纪初期，学者们开始尝试了解阅读过程。近年来，随着心理学、教育学和语言学等相关学科的发展，阅读理解方面的研究受到广泛重视，各种阅读理论和阅读模式纷纷出现。在20世纪80年代，阅读理论的研究逐渐分为两种。一种是自下而上模式，受新行为学派的影响，强调阅读是从认识字符和音素开始的，逐步组合成音节、字、词、句、段落，最终才能理解文章的内容。这种理论关注语言本身的结构，认为阅读过程是一个解码的过程，由一系列信息加工阶段构成。换句话说，阅读者从看到书写的文字符号开始（符号处理），逐渐发展到理解文字的意义（词义处理）。

然而，自下而上的阅读模式虽然能解释阅读过程中的某些现象，却过于机械地将复杂的阅读过程简化为个体对词的认识和理解，无法说明各种阅读信息之间的相互关系。这不利于学习者提高阅读能力和阅读技巧。这种方法既不能有效利用学习时间，也不能帮助学习者学会如何通过阅读来建立自己的词汇库。此外，在学习单个词语时，学习者往往倾向于记忆该词语最常见的词义，这导致其在实际语言运用中难以根据具体上下文正确理解和解释词语的意义。

随着对阅读过程的研究不断深入，有学者提出了另一种自上而下的阅读模式。这种理论以图式理论为基础，强调阅读是一种主动进行"猜测—证实"的活动，是阅读对象与阅读者相互作用的过程。学习者必须利用个人已有的相关背景知识和篇章所提供的信息来构建篇章的意义。读者对文章的理解是新获取的信息与已有的语言知识相互作用的结果。因此，阅读过程是一个信息处理过程，应该从语篇的整体出发，以自上而下的方式完成阅读。自上而下的阅读并不是一个精确的理解和认知过程，而是一个基于读者预测的信息选择过程。

自上而下的阅读模式在一定程度上可以促进学生的阅读理解。通过运用学习者已有的语言和背景知识，并根据阅读材料的线索进行预测，学生可以更好地构建篇章的意义。这种个体已有的知识经验在一定程度上解释了为什么不同的阅读者在阅读相同材料时会得到不同的阅读信息，以及对阅读材料的不同理解程度。

然而，过分强调个体已有的知识经验的作用也存在一些问题。这种模式可能会忽视学习者的基本知识的作用，以及对阅读能力和阅读技巧的培养。

阅读教学应该综合考虑学生的个体差异，不仅要注重学生已有的知识经验，还要重视提高学生的基本知识储备和阅读技巧。这样才能更全面地提高学生的阅读理解能力。

20世纪90年代之后，有学者提出了相互作用阅读模式，认为这种模式能够更全面地解释阅读理解过程。相互作用阅读模式认为，在阅读过程中，人们同时运用自上而下和自下而上两种方式进行信息处理。不论在哪个阶段、哪个层次，这两种信息处理的方式总是同时进行的。自下而上的信息处理帮助读者发现新信息和发现与自己假设不同的信息，自上而下的信息处理帮助读者消除歧义并在可能的意义方面作出选择。因此，阅读的过程是读者大脑中已存的知识和篇章信息相互作用的过程，即自下而上和自上而下方式相互配合的过程。通过相互作用阅读模式，人们认识到阅读材料本身并不包含固定的意义，它只根据读者大脑中已储存的知识来构建或重构篇章意义。这些储存在人们大脑中的知识结构被称为模式。学习者头脑中模式的差异可能导致对篇章理解的不同。因此，一个人在大脑中拥有的模式越多、越完善，就越有可能在阅读理解时调用这些模式，从而更好地理解篇章内容并作出正确的判断。阅读教学的主要任务之一就是帮助学生调动已有的背景知识去扫除阅读中的障碍。

传统的阅读教学方法确实受到了语文学的影响，将阅读理解的重点放在词汇、语法和相关语言知识的学习上。这种方法认为，通过掌握语言技能和相关知识，学生能够更好地理解和解释文章的意义。

然而，随着阅读模式理论的发展，人们逐渐认识到阅读理解是一个综合性的过程，不仅仅依赖于语言技能和知识，还需要运用上下文信息、推理能力和背景知识等。因此，在英语阅读教学中，仅仅强调语言技能的培养是不够的。

现代的英语阅读教学应该更加注重培养学生的综合阅读能力。这包括提高学生的阅读速度、理解文章的主旨和细节、推断作者意图、分析文章结构等。同时，还应该注重培养学生的阅读策略，如预测、推测、概括和归纳等，以帮助他们更好地处理和理解阅读材料。

因此，现代英语阅读教学应该采用与阅读模式相适应的教学方法，注重培养学生的综合阅读能力和阅读策略，而不仅仅局限于语言技能的培养。这样才能更有效地提高学生的阅读理解能力。这种方法把完整流畅的语言分割和肢解成片段进行教学，从而给阅读教学带来以下问题：

（1）重语言符号提供的语言信息，轻阅读者已有的背景知识的作用。在传统的阅读理论影响下，整个阅读教学活动以词汇和语法知识的讲解为中心并进行大量的有关词汇和语法知识的练习。学习者花费大量的时间去完成相关语言知识的作业，却没有重视发展综合运用语言的能力。在这种情况下，学习者虽然积累了一定的语法知识和词汇量，但其阅读能力并未提高，很难读懂难度一般的文章。

（2）重语言表层结构，轻篇章整体意义。在阅读过程中，常常出现这样的情况：学习者往往习惯逐字逐句地理解阅读材料，过分关注对词汇和句子结构的辨认和分析，而忽视了对篇章整体意义的理解。这种阅读方法不仅影响了阅读速度，还导致大脑信息处理过程的停顿和中断。即使学习者能够理解每一句话的意思，也无法整体理解篇章的意义。

在课堂教学中，普遍采用以教师为中心的讲授式教学，忽略了学生在阅读中的主体地位。教师扮演着知识的传授者的角色，而学生则成为知识的接受者，学习者的学习过程围绕教师的教学展开。此外，对学习者的成绩评价主要依据语言技能的标准化测验，而忽视了学习者对综合语言能力的运用。这种教学方式使学习者处于被动和服从的学习地位，缺乏学习的自主权、自觉性和积极主动性。在这种情况下，学习者参与学习是被动的，阅读的质量难以保证，会导致学习者对语言学习丧失兴趣，从而出现学习效率低下的现象。如果不从根本上改变这种状况，学习者将无法获得课内阅读实践的机会，也缺乏课后自我阅读的动力。

因此，需要改变传统的阅读教学方法，注重学生的主体地位，使学生积极参与。教学应该更加注重学生的阅读实践和主动性，提供丰富的阅读材料和机会，并激发学生的学习兴趣和动力。教师应该扮演引导者和指导者的角色，帮助学生提高综合语言能力和熟练运用阅读策略。只有这样，学习者才能真正参与到阅读教学中，提高阅读质量和效果。

（二）阅读模式理论对大学英语阅读教学的启发

对照阅读理论模式，分析和研究大学英语阅读教学现状和问题后，笔者认为，提高学习者阅读理解能力应从以下几方面入手：

（1）培养学习者运用已有的相关背景知识对阅读材料进行猜测、推断、概括等综合分析的能力。阅读心理学认为：阅读是一种认知活动，阅读理解是读者的知识与篇章信息相互作用的结果。文章提供了线索和提示，但阅读还需要读者的背景知识。阅读过程是学习者运用获取的语言信息和非语言信息进行判断、推理、分析和综合的复杂思维过程。如果阅读仅仅停留在对语言符号的认知层面上，学习者就无法完全正确地理解篇章的意义。

在很多情况下，学习者阅读理解出现障碍的原因是他们无法根据篇章提供的信息和线索来激活自己已有的背景知识。出现这种情况有两个主要原因：一是背景知识具有浓厚的文化特色。由于学习者对目标语言的接触和了解有限，他们无法理解具有目标语言自身文化特色的文章；二是背景知识具有强烈的学科色彩。无论学习者的知识面有多广，都无法全面了解现代社会高度发展、不断涌现、纷呈的学科领域知识。因此，当阅读涉及专业知识较强的文章时，也会存在理解困难。

积极有效的阅读是通过语言信息和背景知识的相互作用，对文章进行综合分析，从而对篇章作出准确、全面、深层次的解释和判断。因此，在阅读教学中，除了传授语言知识外，教师还应重视学生相关知识的掌握，全面提高学生的综合素质。学习者储备的背景知识越丰富，他们对相关阅读材料的理解就越透彻。

（2）培养学习者恰当地使用各种语言技能从而获取和掌握文章所传递的信息的能力。在英语阅读中，获取单词和句子的信息属于短时记忆。只有将这些信息相互联系并整合起来，才能理解篇章的整体意义。为了整合短时记忆中的材料，我们需要增加信息的输入量和加快信息的输入速度，以扩大阅读者大脑中的信息容量。因此，阅读教学的一个任务就是通过大量阅读让学习者建立起对文字语言的语感，使他们的词汇辨认等基本语言技能达到自动化，减轻认知负担，将注意力集中在理解篇章的整体意义上，从而提高阅读效率。

在课堂教学中，教师应该让学习者接触大量的语言材料，将词义和句法教学融入语篇教学中。要在语篇的基础上学习和掌握词义和语言结构，培养学习者的语篇阅读能力。这样的教学方法可以帮助学习者更好地理解篇章的整体意义，提高他们的阅读效果。

（3）培养学习者自主阅读的能力。阅读是学习者通过视觉识别文字符号，从书面语言中获取信息并构建篇章意义的心理过程。阅读教学是一个包含学习者、教师、阅读教学目标、阅读材料，以及阅读策略和方法等要素的系统。学习者是阅读的主体，也是阅读教学的核心。阅读教学目标的实现与学习者的参与程度密切相关。因此，阅读教学必须根据学习者的心理发展规律明确教学目标，优化教学内容，并合理安排教学过程。

从心理机制的角度来看，阅读主体的活动过程可以概括为感知、理解和应用。学习者只有通过自己的思考，将新输入的知识与已有的知识联系起来，才能真正获取篇章所传递的信息。然而，目前的阅读教学往往过于强调理解，而忽视了感知和应用的环节。因此，需要改进阅读教学方法，应充分发挥学习者认知主体的作用，使学生在阅读过程中能够自主地构建知识体系。

首先，教师应该为学习者提供更多感知语言的机会。例如，在阅读过程中，教师可以布置一些启发性思考题，鼓励学习者积极参与阅读教学活动。当学习者带着问题去阅读时，他们会思考和理解问题，并通过课堂讨论等交流活动来联想和深入感知阅读材料，提高解决问题的能力。

其次，教师在阅读教学中的作用不仅仅是传授语篇内容和知识，更重要的是积极创造学生参与阅读活动的条件和营造学生参与阅读活动的良好氛围，培养学生正确的阅读方法和习惯。在课堂教学活动中，应充分利用学习者已有的语言知识和学习能力，根据学习者不同层次的需求，选择广泛题材的阅读材料来扩大学生的阅读量和拓宽他们的知识面，提高他们的阅读能力。这种以学习者为中心的阅读教学方法将帮助学习者在理解的基础上掌握规律，并能在以后的阅读中熟练运用。

最后，大学英语阅读教学的主要目标是培养学生的阅读能力。根据阅读理论模式，分析大学英语阅读教学的现状，我们发现阅读理解是语言因素和非语言因素相互作用的过程。因此，在教学中，要发挥学习者在整个阅读过程中的作用，教会学习者在语篇的基础上正确使用各种语言技能来获取和掌握文章所传递的信息，培养学生利用已有的背景知识进行猜测、推断、概括等综合分析的能力。

（三）交互阅读理论与英语阅读教学

1.交互阅读模式简述

交互阅读模式是国外阅读研究界在 20 世纪 70 年代末提出的阅读理论，该模式认为阅读是自上而下和自下而上的不断交叉的过程，即来自书面文字的视觉处理和来自大脑中已有知识或背景知识的非视觉处理的有机结合。我们认为，交互阅读模式为阅读研究开辟了新的领域，为阅读教学提供了更广阔的视野。作为阅读教学的指导者，只有学习并掌握该理论模式，才能用该理论有效地指导学生进行高质量的阅读。

2.阅读交互理论的两种观点

交互式阅读模式的理解可以分为两个层面。

首先，交互阅读可以理解为读者与语篇之间的相互作用。这种观点认为，阅读过程中，读者的心理与外在语篇相互关联，阅读激活了读者心理中的知识世界，并通过语篇提供的新信息对已有信息进行修改和延伸。这种观点强调了语篇提供的信息与读者已知信息之间的区别。阅读过程中，这两部分信息互为补充，最终丰富和充实了读者的世界知识。这种观点认为阅读是读者与语篇之间的对话。这种观点的理论基础之一是古德曼提出的心理语言猜测过程，该过程从作者编码的语言表层表征开始，最终由读者构建意义，其中涉及语言和思维的相互作用。另一个理论基础是图式理论的发展，其哲学基础是康德的观点，即新信息、概念和思想只有与个人已知事物联系起来才有意义。在阅读研究中，这种观点强调了读者背景知识在阅读过程中的重要性。这种模式认为读者不是被动地接受信息，而是根据他们已有的背景知识（包括语言知识、与文章相关的文化和文体知识）来构建意义。换句话说，意义的构建不仅依赖于对语言本身的理解，而且无法脱离读者而独立存在。只有读者与语篇之间不断地相互作用，才能建立完整的意义。

其次，交互阅读可以理解为低级阅读技能和高级阅读技能的相互补充，以处理和理解语篇。这种观点认为，在阅读过程中存在不同层次的技能和信息，从低级到高级包括字母和单词的辨认、句子的理解、衔接手法、段落结构、语篇话题、推理等。句法、语义、词汇、拼写等信息会影响语言的感知，而一种技能的不足之处可以由另一种技能来弥补。交互式阅读能够以较高层次的技能和信息影响低层次的处理和分析，语篇的推理和单词的辨认相互影响，相互作用。然而，高级技能的理解（如句子和语篇）需要更高的认知能力，从而分散了读者对文章整体的专注力。这种观点认为，读者不仅需要熟练掌握低级技能，如字母和单词的辨认，句子的理解等，还需要掌握文章的衔接手法、段落结构、语篇话题、推理等高级技能，并具备综合应用这些技能的能力。换句话说，读者这两方面的知识在阅读中应该相互补充。在这种情况下，阅读策略，即灵活运用各个层次的知识和技能，在阅读中起着重要的调节作用。

3.交互阅读理论应用于大学英语阅读教学的具体策略

教师在阅读教学中的角色非常重要，他们需要转变教学观念，研究了解阅读理论模式，并用交互阅读理论来指导阅读教学。

首先，教师需要改变阅读观，意识到阅读教学的目标是培养学生的阅读理解能力。教师的阅读观直接影响他们的课堂教学模式和阅读方式的设计。如果教师认为学习阅读应该先掌握单词的发音和词义辨别，然后理解句子结构，最后才是语篇和作者的观点，那么他们的教学模式将是自下而上的阅读教学模式。相反，如果教师认为学习阅读始于意义解读，学习在具体语境中识别单词的含义，并在阅读过程中积极进行预测，那么他们的教学模式将是自上而下的阅读教学模式。而当教师认为阅读既需要基础语言知识和技能的培养，又需要背景知识和高级语言技能参与语篇的解释时，他们的阅读观将是自下而上和自上而下阅读策略的相互作用。这种观点下设计的阅读课程既注重语言基础知识和技能的培养，又能引导学生运用自上而下的阅读策略。

其次，教师应该在教学的不同环节中介绍不同的图式，以培养和提高学生的阅读能力。在阅读前的准备环节，教师可以激活学生大脑中与文章相关的图式，如介绍文章背景知识、作者生平、文章大意等。在阅读过程中，教师应该指导学生进行有效阅读，并在阅读后帮助学生总结归纳所学的图式，如讲解重点词句、分析课文结构和归纳中心思想等。此外，教师还应该教会学生猜测生词词义的方法。在阅读后的活动中，教师应该帮助学生巩固他们已学到的图式，通过练习来巩固语言知识和课文结构的应用。

总之，在阅读教学中教师是引导学生进行有效阅读的关键。他们需要转变教学观念，了解阅读理论模式，并用交互阅读理论来指导阅读教学。使用合适的教学方法和策略，教师可以帮助学生培养较强的阅读理解能力。

教师应该鼓励学生积极参与阅读，大胆作出合理的猜测，并通过交互阅读模式来指导阅读教学。交互阅读理论强调学生在阅读中的主动参与，将语言知识、背景知识和阅读策略综合运用于阅读过程中。这种教学方法可以有效培养学生的阅读能力。

然而，进行交互阅读教学也面临一些挑战，例如需要相应的阅读教材，并且学生可能难以立即适应从传统阅读课堂模式到交互阅读模式的转变。

教师应该在教学中加强对学生使用各种阅读策略的指导，并将阅读策略教学作为整个英语阅读教学的有机组成部分。教师可以鼓励学生经常反思自己的阅读过程，帮助他们认识、比较和总结阅读策略，并引导学生在阅读时使用多种阅读策略以提高阅读能力。此外，教师还应该关注学生的阅读过程和方法，设计合适的阅读活动和任务，并选择有利于训练阅读策略的阅读材料。通过大量阅读和多样的阅读实践，学生可以巩固和内化已学到的阅读策略。

总之，教师在交互阅读教学中的角色至关重要。他们需要提高对阅读理解的认知能力，树立正确的阅读教学观，并在教学中充满耐心和信心，以提高阅读教学的质量。通过指导学生使用多种阅读策略，并进行大量的阅读实践，教师可以帮助学生培养和提高阅读能力，为他们的终身学习奠定基础。

第三节　我国大学英语阅读教学研究

一、语境对英语阅读教学的启示

国内外的专家和学者们对语境的界定有不同的观点。

语言学家马林诺夫斯基（1923）把语境归纳为文化语境和情景语境。

里昂斯（1977）认为：语境是一个理论概念，构成语境的各种要素是语言学家从具体的情境中抽象出来的，这些因素对语言活动的参与者所产生的影响系统地决定了话语的形式、话语的合适性或话语的意义。他强调，一个说话人想要正确判断话语的合适与否，必须具备一定的知识，这些知识就是语境的具体体现，或者说这些知识构成了语境。

利奇（1983）认为：语境就是指说话人与听话人共同拥有的背景知识，这种背景知识对听话人理解说话人说出的话起到推波助澜的作用。

韩礼德（1973）认为：语境由语场、语旨和语式三个部分组成。

王初明先生深入分析了语境和母语因素在英语学习过程中的作用并提出了"补缺假设"的构想，他认为语言与语境知识的有机结合是正确流利使用语言的前提。根据语用综观论和顺应理论，使用语言的过程就是语言选择的过程，而语言选择是顺应不同语境因素的结果，这些语境因素涉及交际双方的心理世界、社交世界、物理世界和语言语境。

综上所述，语境的定义很广，而且不同学派、不同学科对语境的认识和理解也不相同，根据语境丰富的内涵及其特征的多样性，语境可分为语言内部语境和语言外部语境。在言语交际中，无论是口语交际，还是书面语交际，都离不开语言内部语境和语言外部语境。

语言内部语境指语言的上下文，即词语的搭配，句式的选择，话语内部的信息结构和形式，如话语的前后顺序、内部衔接等。

语言外部语境指与言语交际相关的社会语境、文化语境、情景语境等，它包括很多因素，如社会文化背景、社会政治背景、交际双方的社会心理因素、社会角色和交际双方具有的百科知识等。

因此，我们需要掌握一定的语境知识，以适应特定的语言环境，这对英语阅读教学具有实际的指导意义。掌握语境特征不仅有利于言语交际者的交际，对话语分析者的分析也大有裨益。在阅读教学过程中，想要充分地理解和解释话语的用意，必须掌握相应的语境知识。

在英语教学中，如何通过语境教学来提高学生的阅读水平呢？具体方法如下：

给学生系统地介绍什么是语境、语境的分类、语境与语用的关系，以及语境在英语学习方面的作用，使学生对语境有所了解，为开展语境教学做好准备；

在课堂上，选择不同体裁、内容丰富的阅读材料作为范文，详细地分析语境在阅读理解当中的作用，有意识地增强学生的语境意识，提高他们对语境的运用能力；

训练学生对作者所设置的语境的重构能力和快速激活共有知识的反应能力；

每周布置相应的阅读任务，指导学生在阅读过程中对相关语境因素进行建构，比如运用已有的语境知识，结合文章的标题和主题句及文后的问题对全文进行预测和分析，快速作出准确的判断；

设计阅读理解选择题的问题时应注意增加语境反应能力测试题型；

开设有关目的语国家的文化课程，缩小原作者和学生的文化差异；

除了加大阅读量外，课堂内外应有意识地通过多种形式让学生接触目的语文化，扩大他们的语言外部语境知识面，包括目的语的历史渊源、经济政治、社会背景、文化习俗等。

综上所述，阅读是一项复杂的书面交际活动，它在很大程度上依赖于语境，语境可以帮助学生确定阅读理解的范围，而大量的阅读也能帮助学习者了解英语背景知识，更好地理解英语文化语境。学习者的语境知识越多、语用能力越强，阅读理解的速度就会越快，理解的程度也会越深，准确度也就越高。语言材料要放到语境中才易于理解、消化和吸收。在一定的语境中进行语言实践才能达到对语言材料的深刻理解，有利于学习效果的巩固和提高。同时更应将学到的语境理论运用到英语教学活动中去指导教学。英语阅读课教学的任务是：提高学生的阅读能力，培养学生在阅读中理解句子的内在关系、理解文章各部分之间关系、理解书面语言的特有句型和词语形式、领会作者的意图和中心思想、推断文章中的隐含信息等方面的能力。

大量的论文文献显示，在英语阅读教学中，关于语言学、阅读心理学以及其他相关理论的应用研究十分热门。在过去的二十年中，韩礼德的功能语言学中的语篇、语境、衔接、连贯、主述位推进模式等理论，以及篇章语言学、篇章信息度、多元智能理论、元认知理论、图式理论、关联理论和语块理论等被广泛应用于指导阅读教学。此外，一些非语言学理论如系统工程原理和逻辑知识也被运用到阅读教学实践中。因此，阅读研究是一门跨学科的多元化研究，受到认知心理学、语言学、人类学、计算机科学、社会心理学和学习理论等领域的综合影响。

近年来，关于阅读教学的研究文献非常丰富，涉及范围广泛，包括阅读课堂教学探讨、阅读动机、效率、策略的研究，以及学生阅读能力的培养。面对各种派别和理论，人们一直在努力探索一种行之有效的阅读教学方法，但至今没有得出一致的结论。因此，单纯地讨论哪种教学法最合适是不科学的。首先，要全面地了解各派理论的各个方面，这些理论从不同的侧面研究问题，得出相互联系和相互制约的理论，对英语教学方法的理论和实践作出了巨大贡献。然而，它们有时过分强调某个侧面，具有片面性。其次，要充分借鉴各种理论的长处，优化整体方法体系，将各种侧面特性相互联系、相互作用、相互渗透的关系和发展变化进行整合。最后，要从实际出发，灵活运用多种教学法。世界上存在很多英语教学法，但并不存在一种能适应各种情况的万能教学法。因此，教师应根据自己的教学实际，灵活、恰当地使用各种科学的教学法，不过度迷恋某一种教学法，而是根据实践改进教学方法。下面是对我国大学英语教学的阅读教学发展及现状的一个简单介绍。

二、语法翻译法及常规教学法

语法翻译法是中世纪欧洲人教授希腊语、拉丁语等语言时使用的教学法。尽管到了18世纪，欧洲的学校开始开设现代外语课程，但仍然延续使用了语法翻译法。当时的语言学研究主要集中在书面语上。人们学习外语的主要目的是阅读外语资料和文献。在机械语言学和心理学的影响下，德国语言学家奥朗多弗和其他学者总结了过去运用语法翻译法的实践经验，并给予了理论上的解释，使语法翻译法成为一种科学的外语教学法体系。语法翻译法的教学过程是先分析语法，然后将外语翻译成母语，强调逐词逐句的直译和两种语言的机械对比。在教学实践中，翻译既是教学目的，也是教学手段。语法翻译法注重培养阅读和翻译能力，传授语法知识，但忽视了对语言技能的培养，以及语音、词汇、语法与课文阅读教学之间的联系。

新的教学方法往往与某个学习理论相伴而生。例如，与"自下而上"阅读模式相对应的是"词汇—语法—翻译"的阅读教学法。从20世纪50年代至今，我国大学英语阅读教学中常见的课堂教学组织模式以教师为中心，以语法为纲，以句子分析讲解为主，强调语法和翻译的重要性，将阅读与翻译等同起来。这种教学模式只注重理解而忽视使用，只注重句子而忽视语篇，只注重阅读数量而忽视阅读的质量。然而，确切地说，"词汇—语法—翻译"教学法并不是在"自下而上"模式提出之后才产生的，但"自下而上"阅读模式与"词汇—语法—翻译"阅读教学法的理论基础是一致的。该模式认为对语篇的理解取决于词汇和语法。如果不了解词汇和语法，就无法理解语篇。

基于这样的观点，增加学生的词汇量、提高学生的语法知识水平成为教学的重点。在课堂上，教师注重解释词语的意思和用法、进行语法分析和修辞讲解等。尽管这种教学模式也涉及一定的非语言知识，如作者介绍、写作背景，甚至包括欣赏和评判，但基本思路是先从词语、句子的理解和句法分析开始，再理解整个语篇。因此，这种教学模式过分强调了词汇和语法在阅读理解中的作用，而忽略了其他相关因素。英国语言学和教育专家马丁·科塔兹曾在我国的多所大学从事英语教学和研究，他在《中国的英语教学》（1996）一文中指出："中国的语言教学方法长期以来关注的是传授知识，突出地表现在教师、课本、语法和词汇这四个中心上。"这揭示了多年来我们英语教学的存在的问题。

此外，在我国一些高校，在总结国内外教学经验的基础上，对阅读程序进行了有意义的尝试，采用了"MTCDEF"六步教学法，即阅读教学包括六个步骤：调动兴趣，快速阅读，初步检查，评析讨论，重点练习，综合性活动。这种教学法要求学生在教师的指导下，在规定的时间内完成阅读任务。这种阅读程序为改正学生不良阅读习惯起到了积极作用。同时，教师开始将注意力从单纯的语言知识传授转向培养学生获取信息的能力。

三、任务教学法与英语阅读教学

（一）任务型教学

任务教学法的核心理念是让学生在处理和解决实际意义的任务中使用语

言，从而促进语言习得。任务教学法强调学生在完成任务的过程中，通过与他人进行合作和交流，运用目标语言来解决实际问题。任务的设计应该与现实社会活动有一定联系，以确保学生在任务中使用的语言具有实际意义和实用性。

在任务教学法中，任务的完成情况成为评判学生语言能力和学习进展的标准。任务的设计应该注重意义，即解决与现实社会相关的交际问题。通过任务的完成，学生能够自然地习得语言，扩展交际词汇，并促进英语学习的进步。

任务教学法强调学生的主动参与和探索，注重学生如何学习和运用知识。任务教学法的目标是培养学生的交际能力，使他们能够在实际情境中有效地运用所学的语言知识。因此，在任务教学中，任务的设计应该符合现实社会的需求，并与学生的实际生活和兴趣相关，以激发学生的学习动机和积极性。

总之，任务教学法通过设计与现实社会相关的任务，注重学生在任务中的语言运用和意义协商，以促进语言习得和交际能力的发展。任务教学法强调学生的主动参与和探索，使他们能够在实际情境中有效地运用所学的语言知识。

（二）任务型教学的特征

斯基汉（1999）在 *A Cognitive Approach Language Learning* 一书中详细描述了任务型教学中的"任务"，她提出了任务型教学的五个特征：（1）任务活动的意义是首要的，重视学生沟通信息，而不强调使用何种语言形式。（2）任务与现实世界中类似的活动有一定关系。（3）有某个交际问题要解决。（4）完成任务是首要的考虑。把重点放在如何完成任务上，任务的执行优先于语言表达。（5）根据任务的结果评估任务的执行情况。

（三）任务型教学法的步骤

任务型教学法的三个阶段包括前期任务阶段、执行任务阶段和汇报工作阶段。

在前期任务阶段，教师会介绍任务的意义和重要性，激发学生参与任务的积极性。教师还会提供真实的语言数据和材料，如课文，以引起学生对某些语言形式的注意。教师会引导学生分析材料和数据、注意某些语言形式，并提高他们的注意力和积极性。

在执行任务阶段，学生将执行任务并进行计划任务后的活动。学生在执行任务的过程中有机会提高语言运用的流利性、精确性和复杂性。在计划任务后的活动中，学生会相互合作、相互学习，为汇报工作做准备。教师在这个阶段充当助手的角色，提醒学生注意某些语言形式以及形式与意义的联系。

在汇报工作阶段，学生将展示他们完成任务的成果。这个阶段强调语言形式和运用的准确性，并可以验证前期活动的有效性。

最后，在前两个阶段完成后，教师可以设计一些活动来强调特定的语言形式，并组织专门的练习。然而，需要注意的是，强调语言形式应该针对学生在任务完成过程中出现的问题，并根据实际情况进行调整，而不是按照教学大纲的规定进行刻板的教学。

（四）任务型教学法的应用

任务型教学法在大学英语阅读教学中的应用应具有相应的设计。根据任务型教学法的步骤，我们可以把大学英语阅读课设计为阅读前、阅读中和阅读后三个阶段。

阅读前阶段的设计包括以下几个步骤：首先，教师要介绍阅读任务和完成任务的要求，明确学生需要达到的目标。其次，教师应简要介绍阅读所必须具备的阅读策略和技巧，例如扫读、略读、详读等，以帮助学生提高阅读效率和理解能力。再次，教师可以巧妙地引导学生联想与课文相关的背景知识，激活学生已有的知识，并激发学生的兴趣和好奇心，以促使他们更主动地投入阅读中。最后，教师还可以组织一些与话题相关的词汇头脑风暴活动，让学生在阅读前就开始思考和预测文章内容，为阅读做好准备。通过这些准备活动，学生可以更好地理解阅读任务的重要性，并为接下来的阅读做准备。

阅读中阶段的设计包括以下几个方面：首先，教师将阅读任务分配给各个小组，鼓励小组成员在团结互助、讨论协商的过程中共同提高阅读能力。这是任务型语言教学的核心阶段，学生在完成任务过程中应积极理解和欣赏所阅读的内容。其次，教师设计的阅读任务应旨在培养学生熟练运用阅读策略和技巧的能力，以及培养学生理解和鉴赏的能力。课堂活动可以包括略读、查读、找到主题句和段落的中心意思、分析课文结构或段落展开模式、根据上下文猜测词义、详读、解决问题、复述、表演等。这些活动旨在培养学生的阅读理解和欣赏能力。最后，教师应根据不同的文章体裁采用不同的教学方法。大学英语阅读课涉及的基本文章体裁有四种，分别是议论文、说明文、记叙文和描写文。其中，议论文包含论点、论据和论证三个要素；说明文以一定的顺序告知人们某个事情；记叙文包含时间、地点、人物、起因、发展和结局六个要素；描写文包括人物的描写、景色的描写和内心的描写等。教师在设计阅读教学任务时应根据不同的体裁采用相应的方法，以使任务型教学法发挥最佳效果。通过这样的设计，学生可以更好地运用所学的阅读策略和技巧，提高他们的语言能力和综合素养。

在阅读后阶段，教师可以设计各种任务来巩固学生的阅读能力和语言运用能力。例如，让学生将所学的课文改写成剧本或缩写，这样可以训练学生的创造力和表达能力。另外，让学生以小组形式通过网络等媒介自己编辑英语报纸，可以提高学生的合作能力和信息获取能力。还可以让学生阅读中外名著并撰写读书报告，这样可以培养学生的阅读兴趣和批判思维能力。同时，让学生翻译生活中常见物品的说明书，可以提高学生的词语和语法运用能力。最后，让学生大量阅读英语报刊并选出最时尚、最经典的英语短句或篇章在课堂上汇报，与同学交流，可以提高学生的阅读速度和理解能力，同时也增加了学生之间的互动和交流。这些任务旨在让学生在实际应用中运用所学的阅读技巧和策略，提高他们的语言能力和综合素养。

四、建构主义与英语阅读教学

（一）建构主义

建构主义，又称为结构主义，是认知理论的一个分支。作为一种哲学观点，建构主义的思想的诞生可以追溯到18世纪拿破仑时代的意大利哲学家、人文主义学者维柯。他在1725年出版的《新科学》一书中明确指出："人们只能清晰地理解他们自己建构的一切"。近代德国哲学家康德在他的不朽著作《纯粹理性批判》中写道："人的理性只能领会人类自身根据自己的计划所生产的东西"。

20世纪心理学界的两位重要学者皮亚杰和维果茨基以及他们的追随者，包括美国著名的心理学家和教育心理学家布鲁纳，从心理学的角度解释了建构主义。在认知发展领域中，对认知发展影响最大的瑞士著名心理学家皮亚杰在20世纪60年代研究儿童的认知发展时，提出了图式的概念，认为儿童的认知结构是通过同化和顺应这两个基本过程逐步建构起来的。在"平衡—不平衡—新的平衡"的无限循环中，儿童的认知结构不断地丰富、提高和发展。同化是指主体将外界刺激提供的信息整合到自身原有的认知结构中的过程；顺应则是指个体的认知结构因外部刺激的影响而发生改变的过程。

可以看出，同化是认知结构数量的扩充，而顺应则是认知结构性质的改变。认知主体通过同化和顺应这两种形式来达到与周围环境的平衡。个体的认知发展与学习过程密切相关，因此，建构主义可以很好地解释人类学习过程中的认知规律，包括学习如何发生以及意义如何建构等方面的内容。

（二）建构主义学习观

建构主义理论提出了自己独特的学习观，认为学习是学习者以原有认知结构为基础的主动建构的过程。对学生来说，是以学生已有的知识和经验为基础，通过个体与环境的相互作用（同化和顺应）主动建构意义的过程。"意义"是指事物的性质、规律以及事物间的内在联系；"建构意义"就是对当前学习内容所反映的事物的性质、规律以及事物间的内在联系达到较为深刻的理解,其长期存储就形成当前所学内容的图式。换言之,学生获取知识的多少并非取决于他们记忆和背诵教师讲授内容的能力,而是取决于其根据自身经验去建构有关知识意义的能力。由此可见,学习是一个主动建构的过程,是通过已有的认识结构或图式对新信息进行加工的过程。在这个加工过程中,每个学习者都在以自己原有的经验系统为基础对新的信息进行认知和编码,建构自己的理解,其原有知识由于新经验的介入而发生调整和改变。同时,学习的过程也是通过高级思维活动解决问题的过程。建构主义主张"通过问题解决来学习"。学习应该通过学习者的高水平思维活动来实现,而不是简单地沿着记忆的流程进行。知识的建构是通过新、旧知识经验的相互作用而完成的,在"问题解决"这种高水平的思维活动中,学习者既要不断地围绕当前的问题解决活动获取有关的信息,又要不断地激活原有的知识经验来解释当前的有关现象,形成新的假设和推论,并通过一定的方式对此作出检验。在这种活动中,新旧知识经验的相互作用得以充分展开,这为知识的建构提供了理想的途径。最后,学习是一个交流与合作的过程。建构主义重视社会性相互作用在学习中的作用,认为"情境""协作""会话"和"意义建构"是学习环中的四大要素。其中,"意义建构"是整个学习过程的最终目标,而"协作"这种社会性相互作用的主要体现形式就是交互式教学和合作学习。

(三)建构主义理论提出了新的"教"与"学"的理念

建构主义理论确实否定了传统的知识传授观念,认为学习不是学生被动接受知识的过程。教师的角色在建构主义中是促进学生自主建构知识的引导者。教师的教学工作的任务主要是为学生提供建构知识所需的环境、情境和时间的保证。学习者是意义的主动建构者,建构主义倡导以学习者为中心的教学,在教师的指导下进行。这种教学方法既强调学习者的认知主体作用,又不忽视教师的指导作用。

在英语教学中，建构主义要求教师创设与英语教材内容相关的情境，设计具有思考价值和启发意义的问题，让学生思考和尝试解决。教师应尽可能使用与现实生活相关的真实材料，创造良好的问题情境，让学生产生疑问和设想，并参与问题解决。这种教学方法被称为"抛锚式教学"，即以真实事例或问题作为"锚"。同时，教师应帮助学生分析和理解所学内容，而不仅仅告诉他们结果和答案，培养学生主动建构的能力。

教师在建构主义教学中不仅是具有专业知识的导师，还是学生学习的辅助者、课堂活动的协商者、参与者和合作者，以及心理支持者。在英语教学中，要彻底摒弃传统的"填鸭式"教学方法，转向注重综合思维能力训练的教学，使学生从被动接受知识转变为主动获取和建构知识，促进学生人文素质和创新能力的发展。

建构主义英语教学观认为语言学习是与环境相互作用的过程，学习者是主动建构知识的主体。它提倡以学生为中心，强调问题教学、情景教学、合作教学和综合评价的方法。

（四）交互式英语阅读教学

交互式英语阅读教学以建构主义理论为指导，是一种教学方法，通过对话的方式促进师生之间的互动。其目的是帮助学生掌握阅读策略，并有效提高他们的理解能力。交互式教学是建构主义和认知学习理论所倡导的一种教学模式。在这种教学中，学生在课堂上扮演主体的角色，教师则担任主导的角色。此外，交互式教学还鼓励小组合作学习，并倡导任务型语言教学等方法。

在20世纪70年代初期，学者和教育理论学家进行了大量关于学习策略的实验和研究。布朗和帕林萨在他们的研究中对比了优秀学生和学习困难生的阅读策略，并发现学生在预测、提问、梳理和总结等阅读策略的掌握和应用方面存在学习困难。此外，他们还发现采用饮酒教学方法的学生在回忆和元认知测试中的表现未达到预期。

饮酒教学重点训练学生以下四项阅读策略：

（1）预测：要求学生根据现有的背景知识，整理阅读材料中的线索，推测文章的内容。

（2）提问：要求学生针对阅读材料中出现的重要概念提出问题，自我检测是否掌握了材料的重点内容。

（3）明确：要求学生解决阅读过程中遇到的问题或困难，确保他们能够正确理解材料所要表达的观点。

（4）总结：要求学生用自己的语言讲述材料的主要目的或要点，在此过程中思考自己是否理解了材料的核心内容。

交互式英语阅读教学中，阅读活动通常以段落为单位进行。教学引领者运用上述四种阅读策略，提供讨论所需的框架，旨在通过讨论促进学生熟练地运用这些策略进行阅读理解。具体而言，学生阅读一段材料后，教学引导者提出与阅读内容相关的问题，引发讨论，小组成员总结段落内容或预测后续段落内容。随后，另一位小组成员接替教学引领者的角色，进行下一段落的讨论。交互式英语教学强调小组合作学习，鼓励学生之间的相互学习和交流。小组合作学习将传统教学中师生之间的单向或双向交流转变为师生和学生之间的多向交流，提高了学生的主动性、阅读学习策略的掌握以及对学习的自我控制能力，提高了学习效率，使学生之间形成了良好的合作关系。

随着交互式教学的深入，学生在交互式英语阅读教学中扮演着重要的角色。他们与教师共同承担提问、思考、讲解和理解的责任。在讨论中，阅读能力较弱的学生不仅可以积极参与阅读活动，还可以从能力较高的学生的发言中获得启示或帮助，从而减轻学习焦虑。因此，无论阅读能力如何，交互式教学都能让学生在各自能力范围内体验到阅读理解活动的乐趣。

在交互式英语阅读教学中，教师的作用也非常重要。教师在强调学生自主、探究和合作的新教学理念的同时，也发挥着主导作用。在交互式教学的不同阶段，学生通过小组讨论解决了大部分问题。然而，由于语言基础知识和综合运用语言能力的限制，个别学生可能无法解决某些问题，这时教师的主导作用就得以充分发挥。随着学生阅读水平的提高，教师可以逐渐提高要求，直到学生能够独立地运用这些策略，这体现了教学控制权从教师向学生的动态转移。只有教师在课堂教学中发挥好主导作用，学生的主体作用才能得到更充分的体现。

交互式英语阅读教学模式具体阶段如下：

（1）初始化阶段。

学习目标：

掌握课文部分重点词汇；

深入理解课文，提出自己的观点；

学习运用1～2种提高阅读效率的阅读技巧。

背景知识及导入性问题：

搜索相关教学资料（如背景知识）供学生参考；

提供与课文内容相关的导入性讨论问题；

要求学生自己搜集背景知识，以达到激活旧图式和构建新图式的目的。

阅读技巧选择及相应提示：

个别化学习，根据自己阅读的实际水平，选择相应的阅读技巧；

提高速度的技巧要避免回视，重点读名词、动词等句子主干成分；

想要提高理解率，可要求学生先读主题句再预测其他内容等。

（2）情景创设阶段。通过多媒体展示音频、视频、图像、动画和文字等材料，让学生了解与课文内容相关的大量信息，为他们进入阅读理解做好铺垫。

（3）接下来是课文阅读阶段。根据之前选择的阅读技巧，在激活学生原有的图式基础上，帮助他们构建新的意义，形成新的图式。

（4）紧接着是理解测试阶段。根据前一题的答题结果，决定下一道题目的难度，进行适应性测试，以评估学生对课文的理解程度。

（5）然后是呈现总结和自我评估阶段。学生通过测试了解和分析自己在阅读速度或理解准确率方面存在的问题，教师进一步提供学习建议，以提高阅读效率。

（6）接下来是课文逐句学习和个别化学习阶段。学生可以自主学习课文中需要重点掌握的词汇、语法，对难句进行分析、理解和翻译。

（7）随后是篇章分析阶段，让学生进入交互性协助学习。学生可以提出讨论观点，并进行及时的交流。教师和学生之间进行答疑辅导，学生之间进行交流。最后，教师对篇章进行分析和评价。

五、体裁教学法与英语阅读教学

（一）体裁

关于体裁的定义，许多学者都有自己的观点。斯威尔斯（1990）认为，体裁是指"具有共同交际目的的一组事件"。巴蒂亚（1993）认为，体裁是"可以辨认的交际事件，其内部结构特征鲜明，约定俗成；在构建语篇时必须遵循惯例"。马丁（1993）认为，体裁是"有步骤的、以交际目的为基础的社会交往过程"。尽管上述学者对体裁的描述有所不同，但在对体裁的界定上存在一些共同之处。这些共同之处包括体裁与交际目的的密切关联以及体裁的常规性。交际目的决定了体裁的类型，使得某类语篇具有大体相同的图式结构，而这种图式结构又影响着语篇的内容和语言风格的选择。

（二）体裁教学法

体裁教学法是建立在体裁基础上的教学方法，近年来受到越来越多的关注。在国外，许多学者和教师对体裁教学法进行了理论探讨，并在阅读和其他语言技能教学中进行了实践尝试。这种教学方法在美国和澳大利亚非常流行。在我国，秦秀白对体裁教学法进行了介绍和评论，一些教师也进行了一些教学实验。这些研究和实验在一定程度上证明了体裁教学法的有效性。

体裁教学法强调体裁的交际目的性和常规性。其目标是让学生了解不同的交际目的如何决定语篇的结构，让学生认识到语篇不仅是语言的构建，也是社会意义的构建。通过体裁教学法，学生不仅可以掌握语篇的图式结构，还可以理解语篇的构建过程，从而帮助他们理解和创作特定体裁的语篇。根据体裁教学法的理论，哈蒙德（1990）设计了一个"教与学循环"模式图，包括示范、协商和独立构建语篇等环节。这种方法在澳大利亚，尤其是新南威尔士州的母语教学和第二语言教学中非常流行。通过范文分析、模仿写作和独立写作等教学环节，教师围绕报告、解释、讨论、说明等交际事件展开教学活动，旨在培养学生对不同体裁进行写作的能力。

在美国，体裁教学法被应用于大学外语和专门用途外语教学中，旨在帮助大学生和从事特定职业的新人了解特定体裁语言的社会功能及其使用场合。教学目标主要是提高阅读和写作能力。

其主要教学活动可分为以下六个步骤：

体裁分析，即通过实例分析某一体裁的图式结构；

模仿分析，即让学生运用体裁分析方法解析属于同一体裁的不同语篇；

小组讨论，即按照已掌握的某一体裁的图式结构把不同的语篇的结构打乱，让学生拼接复原成符合体裁惯例的语篇；

独立分析，即学生自己去找属于同一体裁的语篇，然后对其进行分析和评述；

深入分析，即分析这一体裁的语言及风格；

模仿写作，是一种通过写作让学生更深入地体会某一体裁的结构特征和语言风格的方法。通过模仿特定体裁的写作，学生可以更好地理解和掌握该体裁的语篇模式，从而提高他们的语篇理解能力。

在阅读教学中，应用体裁分析可以帮助学生掌握相对稳定和正规的语篇模式。通过分析不同体裁的结构特征、语言风格和交际目的，学生可以更好地理解和解读各种文本。体裁分析可以帮助学生识别和理解文本中的关键信息、组织结构和语言表达方式，从而提高他们的语篇理解能力。

通过模仿写作和体裁分析的教学方法，学生可以逐步熟悉和掌握不同体裁的特点，提高他们在阅读和写作中的语篇能力。这种教学方法可以帮助学生更好地理解和应用不同体裁的语言和结构，从而提高他们的语言表达能力和交际能力。

第四节　阅读教学的几个基本要点

在进行阅读教学时，教师需要考虑如何进行教学。这涉及阅读材料的选择、任务的设计、动机的激发，以及技能的培养等多个方面。

首先，教师在设计阅读课程时需要明确课程的目标。在确定阅读目标之前，应该设计评估学生阅读效果的方法。教师需要了解学生的需求、兴趣和能力，因为这是实现教学目标的前提。教师可以通过问卷调查、访谈、观察、小组讨论和测试等方式来了解学生的需求、兴趣和能力。

其次，教师需要根据学生的语言水平来设计合适的阅读任务。教师可以通过精读、泛读和选读等方式来提高学生的阅读水平。精读注重细节理解和语言表达，泛读注重整体理解和推理能力，选读注重选择性阅读和信息获取能力。通过不同的阅读方式，教师可以帮助学生提高阅读技能和策略的运用能力。

最后，教师还应该激发学生的阅读动机。教师可以通过引入有趣的话题、提供有挑战性的阅读材料、组织有意义的讨论和分享等方式来激发学生的阅读兴趣和参与度。同时，教师还可以鼓励学生设立阅读目标、制订阅读计划，并及时给予肯定和反馈，以增强学生的阅读动机和自信心。

综上所述，教师在进行阅读教学时需要考虑多个方面，包括阅读材料的选择、任务的设计、动机的激发及技能的培养。通过合理的教学设计和个性化的教学方法，教师可以帮助学生提高阅读能力和阅读理解水平。

一、精读泛读结合

（一）目前大学英语读写课的局限性

仅仅依靠传统的精读课教学很难真正提高大学生的英语阅读能力。目前大学英语课程设置主要包括读写课和听说课，但读写课存在一些局限性：

教材课文篇目有限且篇幅短。课堂时间有限，无法保证学生有足够的阅读量。

课本主要集中于教授的语言知识，教师通常花费大部分时间进行讲解，学生缺乏独立流畅的阅读训练。

课本更多是综合训练，大量时间用于重复运用语言点的听、说、写等，而对阅读理解的专门训练则不然。

因此，建立一个包括精读和泛读的阅读教学体系是非常必要的。精读和泛读可以相互补充、相互促进。精读可以帮助学生深入理解文本，掌握语言表达能力，而泛读则可以提高学生的整体理解能力和阅读速度。通过精读和泛读结合的教学方法，学生可以更好地理解和应用不同体裁的语言和结构，提高他们的阅读能力和理解水平。

（二）建立和完善精读与泛读相结合的阅读教学体系

要在明确阅读教学总任务的基础上进行精读、泛读的分工。这个总任务包括：（1）引导学生从事大量的以理解内容、获取信息为目的的活动，并从中培养其阅读的兴趣和习惯；（2）使学生掌握和扩大语块量及语法知识；（3）训练各种阅读技巧。精读教学的任务重点依次为（2）、（3）、（1）；泛读教学的任务重点依次为（1）、（3）、（2）。

要汲取各种理论对阅读教学指导意义的优势，取长补短，优化改进读写课教学模式，在课堂上切实落实学生阅读的训练。

泛读课程的规范化是必要的。泛读教学应该被正规化和课程化，其中包括以下内容：配置专门的阅读材料、占用一定的课堂教学时间、规定教学指标，明确阅读量、读速、难度和阅读技巧等方面的具体要求。新视野大学英语教材在这方面提供了很好的范例，其与读写教程相配套的泛读资料为学生提供了丰富多样的泛读内容。速读训练是一种有效的教学方法，但并非万能。泛读课程应避免教学内容体裁狭窄、题材单一、过多强调文学内容以及内容陈旧等现象。由于受到课堂授课时间的限制，如何科学地安排精读和泛读的比例仍需进一步探索。

二、材料选择适当

在选择阅读材料时，应确保所选篇章和相应任务对学生来说是可达到的。学生通常更愿意阅读一些他们感兴趣且能够快速阅读的简易读物，例如名著的简化版或改写版，而将经典系列的作品留待以后有精力再深入研读。大量阅读有趣的简易读物对提高阅读技能至关重要。相反，难度过大、无法完成任务的篇章只会给学生带来挫败感，不利于提高他们的阅读能力。与选择听力材料一样，选择阅读材料时应注意语言的地道性、适当的难度以及题材和体裁的多样性。面对丰富多样的书面材料，选择应更加科学合理。以下几点可作为考虑因素：

（1）语言方面：阅读材料应以当代书面语为主，尽量选择外国人的作品，以接触地道规范的英语语言。

（2）题材与体裁方面：阅读材料的题材应广泛，除了考虑内容健康外，还应注意覆盖的知识面和涉及的西方文化程度；要兼顾趣味性和实用性；体裁应多样化，包括故事、寓言、新闻报道、科普小品、人物传记、社会读物，以及各种应用文如信函、通知、广告、便条、宣传单、图表、产品说明书、图书目录等。

（3）难度方面：生词密度可以适度增加，因为精读的任务之一是增加词汇量，但也不宜过多；可以适当增加篇目和篇幅，以增加总体输入量。泛读材料的难度应低于相应的精读材料，但也不宜过于简单，应稍微高于轻松可读懂的材料。

阅读材料选择的一个标准是看文章内容是否符合学生的需求和兴趣。在与阅读课相关的教材、教学方法、教师素质和教学环境等各种因素中，学生普遍认为最难忍受的是枯燥乏味的阅读材料。因此，阅读材料的选择，尤其是课外阅读材料的选择，已成为阅读教学改革中的一个关键问题。学生对阅读材料的满意程度取决于材料本身是否符合他们的标准和需求，这些标准通常由学习目的、学习期望、语言水平、知识面和兴趣范围等因素决定。教师应尽力发现学生的兴趣，以满足他们的需求，并确保阅读材料具有一定的挑战性。一个人在阅读中取得的成就越大，阅读的动机就会越强。

三、任务设计合理

评估测试在阅读教学中起着重要的作用。根据安德森的研究，目前还没有一种最佳的阅读测试方法，即没有一种方法能够全面评估阅读的各个方面。不同的测试方法侧重于评估阅读过程的方面不同。例如，分离式阅读测试旨在一次只测试一个方面，但它很难评估学生对阅读材料的全面理解。综合式阅读测试旨在评估学生对阅读材料的全面理解，它测试的是学生的综合知识能力。此外，还有多项选择、简答、匹配以及最近常用的信息转换等各种评估阅读的方法。

英语教师们需要意识到，在评估阅读过程和结果时，任何一种方法都存在一定的局限性。因此，我们应尽量使用多种方法和技巧，力求我们对阅读测试的评估更加完善。这意味着我们可以结合不同的测试方法，以获得更全面的评估结果。同时，我们也可以探索和尝试新的评估方法，以适应不断变化的教学需求和学生的学习特点。通过不断改进和创新评估方法，我们可以更好地了解学生的阅读能力和进步，并为他们提供有针对性的教学支持。

四、技能培养落实

在课堂教学中，教师应注重精讲多练，以学生为主体，切实落实阅读训练，突出阅读能力的培养。以下是一些注意事项：

（1）结合语言知识教学和阅读技巧训练。教师可以讲解各种语言知识，从掌握拼读规则到根据上下文确定词义，从分析句法关系到识别语段过渡标记，可以从启发阅读策略和技巧的角度出发，促进这些知识在阅读实践中的迁移和运用。

（2）确保学生有独立的阅读活动。学生的独立阅读理解不能被教师的朗读所替代，阅读活动也不应被听、说、写的活动代替。

（3）区分领会式掌握和复用式掌握。语言形式的讲解和操练不应扩大到非复用式掌握的部分，以确保充分的、以理解内容为中心的阅读活动。

（4）不要用朗读代替默读。朗读可以作为检查理解和强化记忆的手段，但过多的朗读容易养成出声阅读的习惯，也不利于学生将注意力集中在内容上。从培养阅读能力的角度出发，应多进行默读。

在阅读过程中，教师可以通过一些实际活动来教授阅读策略的运用。例如，寻找每段或每句中的关键词，确定哪些词或句子表达了题目或段落的中心意思，分析新旧信息的衔接方式，识别提供新信息的句子等。教师还可以帮助学生监控阅读，自我检查是否理解了段落的中心意思，是否能够厘清这一段获得的信息与上一段提供的信息之间的逻辑关系，以及这一段的信息是否与引言和题目所提供的信息一致。

教师在课堂上的目标不仅仅是帮助学生理解某一篇特定的文章，更重要的是培养他们一般的阅读策略和阅读能力，以便能够将课堂上所学到的策略和技能应用于其他文章中。

五、评估手段多样

教师在进行阅读评估时需要提出明确的要求和任务，并采取有效的方法进行评估。评估阅读可以采用量化评估和质化评估两种方式。

量化评估包括从分班测试中获取信息、课内阅读测试和期末测试等。这些评估方法可以提供全面的测试内容，覆盖广泛的测试范围。

质化评估包括学生对阅读策略问卷的反馈、教师对课内阅读任务的观察及学生口头陈述阅读中的认知过程等。这些方法可以帮助教师更深入地了解学生的阅读能力和策略运用情况。

此外，教师还可以采用其他策略来评估阅读，例如让学生建立个人阅读日志，记录阅读速度和成绩提高的情况等，帮助学生更好地了解自己的阅读速度和进步情况。

常用的测评方法包括统一测试、提问法或抽查法及自测法。统一测试可以对一个班级或几个班级同时进行同一份阅读材料的测试，测试内容丰富全面。提问法或抽查法可以在课堂上进行个别提问，检查学生是否按时完成阅读任务，以及答题的正确率。自测法则要求学生根据教师给出的标准答案自行对照并改错，有针对性地解决问题。

通过不同方式的测评，教师可以帮助学生分析问题原因并解决问题。同时，教师要充分肯定学生的成绩，树立他们的自信心，为进一步学生的提高阅读能力打下坚实的基础。

在日常教学中，教师应了解学生的阅读过程，根据不同的阅读内容、阅读目的和要求，采用灵活多样的方法引导学生积极参与阅读活动。教师还应指导学生有意识地采用有效的阅读方法和技巧进行训练，以提高他们的阅读理解能力。同时，教师可以设定最低阅读量的要求，促使学生每天都进行阅读，例如要求学生每周读完一本简易英语读物。

参考文献

[1]曹煜，李宇清．语篇分析模式在大学公共英语精读教学中的应用[J]．新西部，2017（10）：146+156．

[2]陈红莉．大学英语语篇分析和实用阅读技巧[M]．长春：吉林科学技术出版社，2014．

[3]陈耀庭，张丽勉．浅议语篇分析和应用型学习的"5+3"教学模式[J]．科教文汇（中旬刊），2009（20）：170．

[4]程亚品．"互联网+"时代下信息技术与英语教学的深度融合[M]．天津：天津科学技术出版社，2019．

[5]单士坤，王敏．二语习得理论视阈下的高校英语教学策略研究[M]．长春：吉林大学出版社，2020．

[6]杜金榜．语篇分析教程[M]．武汉：武汉大学出版社，2013．

[7]杜羽洁，史红霞．高校英语教学模式创新与发展研究[M]．北京：北京工业大学出版社，2019．

[8]方海光，毛莹，刘军，等．移动学习的系统支持环境研究[J]．现代教育技术，2011，21（03）：15-20．

[9]葛海涛．基础英语能力与专门用途英语能力培养策略研究[J]．考试周刊，2013（97）：92-93．

[10]桂红梅．大学英语教学中语篇分析方法的特点及应用[J]．快乐阅读，2015（20）：68．

[11]郭鸿雁，周震．新时代外语教学改革[M]．银川：宁夏人民教育出

版社，2020．

[12]郭文正．语篇衔接理论视角下的英语阅读教学[J]．高教学刊，2016（21）：112-113．

[13]何克抗．从Blending Learning看教育技术理论的新发展（上）[J]．电化教育研究，2004（03）：1-6．

[14]何克抗．从Blending Learning看教育技术理论的新发展（下）[J]．电化教育研究．2004（04）：22-26．

[15]何湘君．批评性语篇分析引入大学英语阅读教学的意义和实践[J]．湖北函授大学学报，2016，29（08）：139-140+153．

[16]胡洁．连接主义视阈下英语专业学生创新型思辨能力研究[M]．重庆：重庆大学出版社，2020．

[17]黄芳．新时代下高校英语阅读与词汇教学研究[M]．长春：吉林人民出版社，2019．

[18]黄文武．基于Moodle平台的混合式教学研究[J]．中国信息技术教育，2015（Z1）：197-198．

[19]姜莉．中国高校专门用途英语教师专业发展和身份重构研究[M]．长春：东北师范大学出版社，2020．

[20]景瑞．对教育技术专业双语教学的探索与思考[J]．软件导刊（教育技术），2008（10）：17-19．

[21]柯清超．面向混合学习的教师教育技术能力培训模式研究[J]．电化教育研究，2008（02）：58-62．

[22]李大艳．语篇分析对英语阅读的影响及对英语阅读教学的启示[J]．海外英语，2016（23）：32+37．

[23]刘卉．构建语篇能力视角下的大学英语文化教学模式探索[J]．佳木斯职业学院学报，2017（02）：207-208+233．

[24]刘媛．新时代高校英语教学研究[M]．北京：北京工业大学出版社，2019．

[25]吕森林．混合式学习对信息技术与课程整合的启示[J]．中国远程教育．2004（19）：67-69．

[26]马莉．国外开放教育资源在《教育技术学专业英语》教学中的应用效果研究[D]．西安：陕西师范大学，2012．

[27]倪晓鹏．基于设计的研究方法、实例和应用[J]．中国电化教育，2007（08）：13-16．

[28]汪晓东，张晨婧仔．"翻转课堂"在大学教学中的应用研究：以教育技术学专业英语课程为例[J]．现代教育技术，2013，23（08）：11-16．

[29]王承博，李小平，赵丰年，等．大数据时代碎片化学习研究[J]．电化教育研究，2015，36（10）：26-30．

[30]王继新．信息化教育概论[M]．武汉：华中师范大学出版社，2006．

[31]徐平．CALLA模式在大学专业英语教学中的应用研究[D]．上海：上海外国语大学，2008．

[32]许可，钟志贤．Web2.0学习环境下专业英语的混合学习模式：以江西师范大学教育技术《专业英语》课程为例[J]．江西广播电视大学学报，2012（04）：86-90．

[33]薛建强．大学英语移动学习模式的构建与发展研究[J]．实验技术与管理，2014，31（03）：176-179．

[34]展素贤．高校优秀英语教师素质研究：从学生视角[M]．天津：南开大学出版社，2020．

[35]张健堃．跨文化交际英语教学与研究[M]．北京：冶金工业出版社，2019．

[36]张利桃，王祥金，伍文臣．移动混合学习模式在高校教学中的应用：以教育技术学专业英语课程为例[J]．软件导刊（教育技术），2013，12（11）：82-83．

[37]张羽，余学军．新时代高校英语教学范式重构研究[M]．哈尔滨：黑龙江教育出版社，2019．

[38]张云霞,任铃.学习与协作:基于建构主义学习理论的网络教学平台教学模式探究[J].理论界,2013(11):176-179.

[39]赵丽.互联网背景下高校英语教育的创新发展[M].长春:吉林人民出版社,2020.

[40]赵玉,周元春.基于行动研究的教育技术学专业英语教学实践[J].电化教育研究,2007(03):81-84.

[41]周元春.Weblog在专业英语教学中的应用研究:来自《教育技术学专业英语》的教学实践参考[J].广东技术师范学院学报,2007(03):63-64+60.

[42]祝智庭,孟琦.远程教育中的混合学习[J].中国远程教育,2003(19):30-34+79.